Regional Economic Development Through
Innovation Creation
Intermediary Support Organizations to Promote Industrial linkages
Within and Outside the Region

イノベーション創発による
地域経済の発展

岩松義秀 著
IWAMATSU Yoshihide

中間支援組織による
地域内外の産業連関

晃洋書房

は し が き

　日本における地域開発政策は，これまで繰り返し形を変えて外来型の開発に
よって地域経済の発展につなげようとした．

　東京一極集中と言われる中，地域の開発を行うことが重要であることは言う
までもないが，地域だけで経済発展につなげるには限界があるため，外部の力
を活用することによって地域開発を行うというのは自然な発想と言える．

　しかしながら，これらの地域開発政策は地域に根ざした政策であっただろう
か．地域のことを考え，地域とともに歩んでいくような外部の力を活用してい
たのだろうか．残念ながら地域を優先するどころか，地域に利益が落ちない分
工場経済となり，場合によっては利益を優先したがために公害を招いたケース
も見受けられる．

　果たして，日本における地域開発政策が事実上頓挫する中で，企業を誘致す
ることによって地域経済の発展につながっている事例があるのだろうかと言う
のが筆者の研究の出発点であった．

　外来型開発に対する内発的発展論という理論は重要であるが，外来型開発を
も取り入れることで地域経済の発展につなげることが出来ないだろうかという
のが，筆者の疑問点であったが，まさしく外部の力を取り入れて地域開発を行
うという動態的内発的発展論に遭遇した．

　研究を進める中で，これまでの国の主導による地域開発政策では地域経済の
発展につなげることはできなかったが，国の主導ではない地域開発において優
良とされる複数の事例に着目し，動態的内発的発展論を手掛かりに分析を行う
こととした．あわせて，優良とされる要素要因をあきらかにすることで，動態
的内発的発展論を精緻化することを試みた．

　誘致企業型の地域開発政策では，地域経済の発展にはつながらないとの批判
を受けているが，優良とされる事例が，どのようにして誘致した外部企業と地
元企業が連携し，イノベーションの創発につなげることができたのか．

　本書によって，地域経済の発展につながる可能性が見えてくることを期待し
ている．

目　　次

はしがき

序　章　日本の産業政策による地域開発と地域経済 ················· 1
第1節　地域経済の現状と課題　（1）
　　　1　研究の背景と問題意識
第2節　研究の目的と意義，方法　（3）
　　　1　研究目的・意義
　　　2　研究方法

第1章　地域開発政策の現状と課題 ························· 7
第1節　国による地域開発政策の課題　（7）
　　　1　重化学工業からハイテク型の開発政策
　　　2　全国総合開発計画と地域開発
第2節　企業誘致型の地域開発政策　（10）
　　　1　分工場経済とその課題
　　　2　テクノポリス政策とその課題
　　　3　欧米におけるハイテク型開発政策とサイエンスパーク
第3節　地域開発政策の現状と課題　（17）

第2章　地域開発に関する諸理論 ·························· 20
第1節　内発的発展論の展開　（20）
第2節　動態的内発的発展論の提起　（23）
　　　1　内発的発展モデル，外来型開発モデルおよび動態的内発的発展モデルの特徴
　　　2　制度的仕掛け
　　　3　制度的仕掛けによる事例
第3節　動態的内発的発展論に関連する諸理論　（28）

1　知識の創造とイノベーション

　　　2　産業集積論，産業クラスターとその課題

　　　3　イノベーションや知識の創造に関連する諸理論

　　　4　中間支援組織の役割

　第4節　南欧における内発的発展論　　（39）

　　　1　欧州における地域開発政策

　　　2　南欧における内発的発展論

　　　3　バスケス・バスケロの内発的発展論

　第5節　動態的内発的発展論をもとにした事例分析　　（48）

第3章　企業誘致と動態的内発的発展論 ……………………………… 50
　　　　　　──京都府長田野工業団地を事例として──

　第1節　全国総合開発計画と京都府総合開発計画　　（51）

　　　1　拠点開発方式と根幹的事業方式

　　　2　京都府の課題認識と長田野工業団地

　第2節　京都府政策と長田野工業団地　　（54）

　　　1　京都府総合開発計画における長田野工業団地

　　　2　長田野工業団地の現況

　第3節　長田野工業団地に関する中間支援組織について　　（60）

　　　1　長田野工業センターの役割

　　　2　福知山企業交流会の役割

　　　3　長田野工業センターと福知山企業交流会の連携

　第4節　長田野工業団地企業への調査および事例分析　　（65）

　　　1　長田野工業団地企業の人事・予算に関する決定権・裁量権等

　　　2　長田野工業団地における事例分析

　　　3　誘致企業の設置年とイノベーション

　　　4　域内産業連関に関する継続した取組

　　　5　他の工業団地における取組事例

　第5節　長田野工業団地による福知山市経済への影響　　（81）

　第6節　分 析 結 果　　（92）

目　次　v

第4章　ハイテク型地域開発政策と動態的内発的発展論 ⋯⋯⋯⋯ 97
——京都リサーチパークを事例として——

第1節　KRPによる地域開発　　(99)

　　1　KRPの概要

　　2　KRP地区の機能整備の展開

第2節　KRP地区における中間支援組織　　(102)

　　1　KRPおよび公的産業支援機関の連携

　　2　サイエンスパークにおける公的産業支援機関の設置状況

　　3　KRP地区におけるコーディネーターの役割

　　4　サイエンスパークにおけるコーディネーターの設置状況

第3節　KRP地区における中間支援組織の役割と産業連関事例　　(108)

　　1　KRPの中間支援組織としての役割

　　2　KRP地区の中間支援組織による産業連関事例

　　3　KRP地区に入居している外部企業の産業連関事例

第4節　KRP地区における産業連関　　(118)

第5節　分析結果　　(119)

終　章　イノベーション創発による地域経済の発展 ⋯⋯⋯⋯⋯ 123

第1節　研究結果の整理　　(123)

第2節　動態的内発的発展論による地域経済分析　　(124)

第3節　本書の学術的貢献と政策へのインプリケーション　　(126)

第4節　残された課題　　(127)

参考文献

あとがき

索　引

序　章

日本の産業政策による地域開発と地域経済

第1節　地域経済の現状と課題

1　研究の背景と問題意識

　1990年代以降の日本経済は，少子高齢化・人口減少という構造的な問題に加えて成長投資の低迷により，設備などの資本，労働力，生産性の供給サイドの三要素からみた潜在成長率は国際的にも低い状況が続き，国際競争力も低下し，「失われた30年」という状況が継続している（経済産業省，2022a）．

　この間，日本の製造業の多くは海外に工場進出し，さらに，1991，1992年に国内のバブル景気の崩壊によって国内市場が低迷し，加えて，2000年代には，リーマンショックと東日本大震災が起こるなどのマイナス要因が続いている（新宅，2014，pp.4-8）．

　日本の産業を支えてきた製造業の国内総生産に占める割合は，現在もサービス業に次ぐ日本経済を支える大きな産業となっており，製造業の歴史は米国・欧州，次いで日本が長く，日本が戦後70年の間に解決してきた環境問題やエネルギー問題のノウハウは，新興国にない大きな優位性と言われている．しかしながら，日本の製造業の置かれている立場は厳しい状況にあり，低コストで生産ができる新興国の台頭，デジタル化などにより複雑な製造工程を必要としないものづくりが増加したことなどが要因と言われ，とくに，大量生産型でライフサイクルが早い家電など消費生活用製品の分野で大きな打撃を受けており，機械的な構造を持った製品（事務機械，自動車，工作機械など）は，製造工程が複雑なため日本の競争力を維持できているが楽観できない状況にある[1]．

　製造コストを下げるために人件費の低い海外への移転が進められてきたが，その国の人件費が上がるにつれ，次の移転先を検討するという悪循環に陥り，

長期的にはコスト削減にならず国内への回帰も検討されている．抜本的にものづくりの方法を変え，単なるコスト競争ではなく，付加価値を創造することが必要とされ，労働集約型のビジネスからの転換や変化する環境のなかで製造業が培ってきた強みを生かして新たなものづくりのあり方が求められている[2]．

　製造業は多くの付加価値を生み出し，地域の雇用を支える産業として，重要な役割を担っている．多くの地方自治体では，地域活性化とともに税収拡大につながる期待もあり，これまで道路網等のインフラ整備や工業団地開発をはじめ，設備投資に対する補助金支給や地方税の課税免除など様々な優遇措置を講じて，工場等の企業誘致に取り組んできた．

　一方，製造業は，国内人件費の高騰やサプライチェーンの国際化への対応などから徐々に生産拠点を海外に移転したり，東日本大震災後はリスク分散化の観点から国内での生産体制再編にも取り組んできたが景気悪化や製品競争力の低下など外部環境が急変した場合などは，一時的に操業停止を余儀なくされ，工場閉鎖という事態に追い込まれることもあり，地方自治体の工場団地・企業誘致との間のマッチングが必ずしもうまくいっているとは言えない状況にあった（木村，2018，pp.30-33）．

　また，雇用については，2045年までに，全市区町村の73.9％を占める1,243市区町村で，2015年に比べて総人口が2割以上減少し，このうちの334市区町村では2015年に比べて総人口が半分以下になる見込みであり，地方における急激な人口減少が予想されている（国立社会保障・人口問題研究所，2018）．その事からも東京圏に比べ地方の企業は，人材確保・人材育成・定着などいずれにおいてもより深刻な課題を抱えていると言える．産業用地の開発には，始めから終わりまでにかかる期間（リードタイム）として概ね5〜6年程度の作業工程が必要であり，将来の需要を見据えた先行開発を行った上で，産業用地のストックを確保することが求められる．ところが，全国で直近に造成された産業用地の分譲が進んだことから産業用地のストックが減少し，分譲可能な産業用地面積の推移は，過去30年で最小規模となっている（経済産業省，2022）．

　これまで国は，産業集積によるイノベーション政策を取ったが，政策効果として競争力のある産業集積ができておらず，自律的な経済発展につなげられているとは言い難い状況にある．これらの政策評価は行われておらず，どのよう

なイノベーション政策が効果的なのかはあきらかにされていない（岡崎・星，2016, p.1）．

　日本の産業を支えてきた製造業は，現在も日本経済を支える大きな産業となっており，製造業の集積となる工業団地などの産業集積地において，どのようにイノベーションを起こすことで地域経済の発展につなげていくかが課題となっている．本研究の問題意識はこれらの課題をあきらかにすることにある．

第2節　研究の目的と意義，方法

1　研究目的・意義

　これまで日本の産業政策による地域開発は，都市部への集積が招く弊害と地域格差の是正に着眼が置かれ，国の主導による地域開発により，地域外の先進地域の大企業の工場やハイテク産業の誘致によって地域経済の発展につなげようとしてきた．

　戦後，1950年に施行された国土総合開発計画法により5次にわたる国の全国総合開発計画が策定され，都道府県においても総合開発計画が策定された．第一次全国総合開発計画では沿岸部にコンビナート誘致する拠点開発方式が取られたが，拠点開発方式は重化学工業を中心とした東京等の大企業の工場等の誘致であり，これらの外部企業によって地域に利益が落ちることなく，地元企業と外部企業の産業連関が図られないことから，地域経済の発展につながっていないという批判を受けてきた（宮本，1977, pp.18-21；宮本，1989, pp.273-303；中村，1990, pp.183-184；鈴木，2001, pp.1-64）．

　拠点開発方式による重化学工業を中心とした地域開発政策に続き，1980年代の産業構造政策の課題として日本の産業構造の知識集約化を図るテクノポリス構想のもとにテクノポリスが展開されたが，多くのテクノポリス地域では地域産業の実態と乖離した画一的なハイテク型産業の誘致政策となり開発目標を達成できず，1985年のプラザ合意による急激な円高の進行と生産拠点の海外シフトなどによって誘致型テクノポリスの多くは破綻に追い込まれるケースもみられた（鈴木，2001, pp.1-64）．

　テクノポリスに続く産業クラスター政策がとられたが，これについても厳密

な政策評価はほとんど行われておらず，どのようなイノベーション政策が効果的なのかはあきらかではない（岡崎・星，2016，p.1）．管見のかぎりでは，産業クラスター政策に関する客観的な評価を行っているのはOkubo & Tomita (2012) くらいである．そこでは生産性の低い企業の誘致であり，産業集積による経済効果をみいだせていないと結論づけている（Okubo and Tomiura，2012，pp.35-37）．

そのような中で，京都府は，国による全国総合開発計画による拠点開発方式による既成大工業地帯における課題を踏まえた上で，京都府全体の特性を踏まえた独自の総合開発計画を策定し，地域に即した開発である根幹的事業方式をとった．

京都府長田野工業団地（以下，長田野工業団地）は，京都府北部の課題を踏まえた上で，1964年に根幹的事業方式のなかに位置づけられ，1970年に計画・整備され，1974年から稼動し今日にいたる（京都府，1964）．1960年代に建設された全国の工業団地の業績が悪化する中で，長田野工業団地は団地内企業の業績をはじめ，福知山市の総生産も上昇の推移にあり，長田野工業団地によって福知山市の地域経済が牽引されている（陳，2017，p.70）．

また，テクノポリスや産業クラスター政策に成果がみられない一方で，京都リサーチパーク（以下，KRP地区）は，日本で初めての民間主導によるサイエンスパークであり，テナント料の収入などの好業績において典型事例とされている（明石，1999，pp.98-120；中西，2001，pp.160-172）．

二つの事例は外部の力による地域開発であるが，好業績とされる要因についての研究は行われていない．

日本の地域開発についての研究が行われる中で，外部の力に頼る外来型の地域開発である外来型開発論に対置する理論として，地域が主体となって域内産業連関を図ることによる内発的発展論が研究されてきた．また，外来型開発論と対置する理論ではなく，外部の力も取り入れることで，地元企業と外部企業との域内産業連関による中間需要，域外産業連関による外需（域外需要）によって，地域経済の発展につなげる動態的内発的発展論が提唱されている（中村，2014，pp.1-17）．

地域経済の発展を研究する上で，動態的内発的発展論は有用であるが，実態

として地元企業と外部企業との連携を図る役割機能としての中間支援組織については理論的位置付けや実証分析が十分であるとはいいがたい.

本研究では，地域経済との関係において，内発的発展モデル，外来型開発モデルおよび動態的内発的発展モデルの特徴をあきらかにし，その上で，製造業の集積である工業団地における典型事例とされる長田野工業団地とハイテク型地域開発における典型事例とされるKRP地区の二つの動態的内発的発展モデルを検証することによって，中間支援組織が実態的にどのような役割を果たしているのかをあきらかにすることが本研究の目的である．従来の理論に位置付けられていない中間支援組織の役割について明示的な分析を行い実態的にあきらかにすることには意義がある.

2　研究方法

本研究の手法としては，戦後日本の地域開発政策について，拠点開発方式やテクノポリス構想など，地域開発政策がどのように展開されてきたのか，国による地域開発政策の課題，誘致企業型の地域開発政策を整理し，地域開発政策の現状と課題をあきらかにする.

また，地域開発政策が進められる中で，これまでの内発的発展論，外来型開発論および動態的内発的発展論など地域開発に関する諸理論を外観する．地域開発と地域経済をみる場合，地元企業と外部企業との産業連関が重要な視点となるため，動態的内発的発展論および関連する諸理論に着目する.

その上で，製造業の集積である工業団地において典型事例とされる長田野工業団地とハイテク型地域開発において典型とされるKRP地区の二つの動態的内発的発展モデルを検証し，中間支援組織が実態的にどのような役割を果たしているのかをあきらかにする.

これらの分析によって，長田野工業団地とKRP地区という二つの事例を素材として実証することにより，動態的内発的発展論における中間支援組織の制度的仕掛けの位置付けを試みる.

注
1）　キヤノンホームページの記述にもとづく.
2）　同上.

第 1 章

地域開発政策の現状と課題

第 1 節　国による地域開発政策の課題

1　重化学工業からハイテク型の開発政策

　日本の産業政策を振り返ると，1950年代後半から拠点都市において素材供給型重化学工業を誘致し，その経済的効果波及によって他産業が発展し，周辺地域が開発され，所得・財産価値が上昇し，財政収入の増加によって福祉の向上につなげることを目的とした拠点開発方式がとられた．しかしながら，このような外来の技術，資本や理論に依存する外来型開発は，開発に成功した拠点では，地域経済が都市部の管理に服すという外部コントロールを受ける分工場経済とならざるを得ず，大都市にある本社に利益が吸い上げられるため地域には利益が流れず，地域内産業連関を起こすことなく地域経済の質の向上にはつながらなかった．また，誘致に成功しても，公害など社会問題を引き起こすなど環境問題の発生による住民運動が起こり計画は著しく遅れることになり，重化学工業を中心とした地域開発政策は地域経済の発展につながっていないという批判を受けてきた．

　重化学工業を中心とした地域開発政策に続き，1980年代の産業構造政策の課題として日本の産業構造の知識集約化を図り，これまでの重化学工業を基調とした「貿易立国」から頭脳資源を活かした付加価値の高い知識集約型産業である「技術立国」への転換がテクノポリス構想のもとにテクノポリス政策というが地域開発政策の新しいモデルとして登場した（鈴木2001，pp. 1 -64）．

　通産省（現経済産業省）は，日本の経済成長をイノベーションにもとづいたものに切り替えるため，明治時代から日本がめざしてきた「欧米先進国経済へのキャッチアップ」という課題が，1970年代までに完了したという認識のもとに

「1980年代の産業政策ビジョン」のなかで「技術立国」というコンセプトを提唱している．1990年代以降，日本経済が長期停滞に陥ると，技術革新の役割がさらに強調され，製造拠点の海外移転による「空洞化」の解決策として，イノベーションによる新規産業分野の創出が期待され，経済構造改革と技術革新を含む広い意味でのイノベーションの重要性が強調されるようになった(岡崎・星，2016，p.1)．

　イノベーション促進のための産業政策の主なものとして産業クラスター政策が行われており，集積経済の実現を助け，個々の企業・プラントは同じ地域に同業種ないしは関連する業種の企業・プラントが立地することによって，生産性の上昇やイノベーションの活発化など集積によって知識の伝播や当該産業に必要な人的資本を獲得しやすいという効果を期待し，国はいくつかの核になる企業に補助金を与えることで立地を促す産業クラスターの形成を促進した（岡崎・星，2016，p.1）．

　このような観点から作られた立地政策の最初のものである1983年のテクノポリス法は，国の作成した開発指針にもとづいて都道府県知事が開発計画を作成，それを国が承認し，承認された計画は，特別償却，試験研究設備の固定資産税減免をはじめ研修施設に対する無利子融資制度などによる助成を受けた．その後，サービス産業に重点を置いて地域の技術高度化をめざした頭脳立地法が1988年に制定されたが，同法もテクノポリス法と同様のプロセスであり，承認された地域の多くは，テクノポリス法の指定地域に近接するかあるいは重なっていた．2001年には，シリコンバレーをモデルとした国の競争力向上を図る産業クラスター計画が策定されている．国は1980年代以降，イノベーションにもとづく経済成長を実現するという考えにもとづき多くの政策を試みてきたが，厳密な政策評価はほとんど行われてきていない（岡崎・星，2016，p.1）．

2　全国総合開発計画と地域開発

　1950年に国土総合開発法が定められ，5次にわたる国土総合開発計画が策定され，これらの計画にもとづく国土開発が行われた．国土総合開発計画の策定の意義としては，国土総合開発法が施行され，経済の基礎が一定整備され，技術革新，消費革命という形での生産力の拡充により，企業の合理化，近代化の

ための民間設備投資に見合う産業基盤の整備，主として既成大工業地帯の用地，用水，輸送力等の隘路の応急的な打開に重点がおかれた（国土交通省，2008）.

　日本経済が産業の高度化，人口動態の変化，貿易為替の自由化など，内外経済情勢の変化に対応しながら，国土の経済成長を辿りつつある国土総合開発は，高度成長の過程において露呈された重要かつ緊迫した地域的課題の解決に重点を置くことが必要となった.

　その第1が既成大工業地帯における用地，用水，交通等の隘路が一段と激化し，とくに東京および大阪への資本，労働，技術等の集積が著しく，「集積の利益」以上に「集積の不利益」をもたらすなどの課題が都市問題を引き起こした（国土交通省，2008）.

　第2に既成大工業地帯以外の地域は，相対的に生産性の低い産業部門を受け持つこととなり，高生産性地域と低生産性地域との間の生産性の開きが大きくなり，地域格差の主因を作り出しているという地域課題は国民的課題であり，地域間の均衡ある発展を図り，長期的かつ国民経済的視点にたった国土総合開発の方向をあきらかにすることに意義をもつなど都市部への集積が招く弊害と地域格差の是正に着眼が置かれた（国土交通省，2008）.

　そのため，高度成長経済への移行，過大都市問題，所得格差の拡大，所得倍増計画を背景に，1962年に第1次全国総合開発計画（以下「全総」）が閣議決定され，地域間の均衡ある発展を基本目標とし，開発の方式は拠点開発構想にもとづいて行われた.

　国土総合開発の究極の目標は，資源の開発，利用とその合理的かつ適切な地域配分をつうじて，日本経済の均衡ある安定的発展と民生の工場，福利の増進を図り，全地域，全国民がひとしく豊かな生活に安住し，近代的便益を享受するような福祉国家を建設することにあるとされた. その目標を達成するために，住宅，上下水道，交通，文教および保健衛生施設等の国民生活に直接関連する公共施設については，単に経済効果等にとらわれることなく，地域間の格差是正に重点において整備拡充を図ること，また，道路，港湾，鉄道，用水等産業発展のための公共的基礎施設についても地域間格差是正の見地から整備を図る必要があり，他方当面する貿易自由化等の趨勢に対処し，国民経済的視野にたって適切な立地体制を整えることが考慮された. 加えて，長期にわたる国土総合

開発の方向をあきらかにし，国土総合開発法にもとづく特定地域総合計画，地方総合開発計画および都道府県総合開発計画は，この計画を基本として策定しなければならないと明記された（国土交通省，2008）．

拠点開発構想は，とりわけ日本経済発展の起動力である工業の既往の配置が，過大都市問題と地域間格差問題の発生に大きな役割を持ち，目標達成のため工業の分散を図ることが必要であり，東京等の既成大集積と関連させつつ開発拠点を配置し，交通通信施設によりこれを有機的に連絡させ相互に影響させると同時に，周辺の農林漁業にも好影響を及ぼしながら連鎖反応的に開発をすすめ，地域間の均衡ある発展を実現することがうたわれた（国土交通省，2008）．

全総のめざす開発は，第1次から第5次の総合開発計画においても，経済発展の機動力である工場配置が地域間格差の是正につながることが前提にあり，これらの総合開発計画について，都道府県においても全総にもとづいた総合開発計画の作成が義務付けられ，国の主導による地域開発が行われる構図になっている（国土交通省，2008）（表1-1）．

拠点開発方式は，全総に採用され全国に波及し，新産業都市として15拠点が指定され，準新産業都市として工業特別整備地域が6拠点整備されたが，開発された拠点では公害などの社会問題や各地での反対運動が起こり，計画は修正あるいはストップすることとなった．1969年に全総にかわる新全国総合開発計画においては「巨大開発方式」を採用したが，これについても環境問題の発生による住民運動が起こり計画は著しく遅れた（宮本，1977，pp.18-21）．

これまで日本の地域開発は，国の主導による総合開発計画にもとづく地域開発が行われ，拠点開発方式を中心に地域外の先進地域の大企業の工場を誘致することによって地域経済につなげようとしたが，外来型開発による地域開発では，地元企業と外部企業の域内産業連関が起こることなく地域経済の発展にはつながらないものであった．

第2節　企業誘致型の地域開発政策

1　分工場経済とその課題

これまでの地域開発は，外から企業を誘致して外部企業に地域の運命を委ね

表1-1　全国総合開発計画の概要

計画名	全国総合開発計画	新全国総合開発計画	第3次全国総合開発計画	第4次全国総合開発計画	21世紀の国土のグランドデザイン
閣議決定	1962年	1969年	1977年	1987年	1998年
背　　景	1 高度経済成長へ移行 2 過大都市, 所得格差拡大 3 所得倍増計画（太平洋ベルト地帯構想）	1 高度経済成長 2 人口, 産業の大都市集中 3 情報化, 国際化, 技術革新の進歩	1 安定経済成長 2 人口, 産業の地方分散の兆し 3 国土資源, エネルギー等の有限性の顕在化	1 人口, 諸機能の東京一極集中 2 産業構造の急速な変化等による地方圏での雇用問題の深刻化 3 本格的国際化の進展	1 地球時代（地球環境問題, 大競争, アジア諸国との交流） 2 人口減少・高齢化時代 3 高度情報化時代
基本目標	地域間の均衡ある発展	豊かな環境の創造	人間居住の総合的環境の整備	多極分散型国土の構築	多軸型国土構造形成の基礎づくり
基本課題	1 都市の過大化防止, 地域格差を正 2 自然資源の有効利用 3 資本, 労働, 技術等の諸資源の適切な地域配分	1 人間と自然の調和 2 開発の可能性の全国土への拡大均衡化 3 国土の再編成	1 居住環境の総合的整備 2 国土の保全と利用 3 経済社会の新しい変化への対応	1 定住と交流による地域の活性化 2 国際化と世界都市機能の再編成 3 安全で質の高い国土環境の整理	1 自立の促進と誇り 2 国土の安全と暮らしの安心 3 恵豊かな自然 4 活力ある経済社会 5 世界に開かれた国土
開発方式	拠点開発構想	大規模プロジェクト構想	定住構想	交流ネットワーク構想	参加と連携
	・工業の分散と東京等と関連させ, 開発拠点を配置 ・交通通信施設によるこれらの有機的連絡	・新幹線, 高速道路等のネットワークを整備し, 大規模プロジェクトを推進し, 格差是正	・大都市への人口と産業の集中を抑制 ・地方を振興し, 過密過疎問題に対処し全国土の均衡を図る	・地域特性を生かし, 創意と工夫により地域整備推進 ・基幹的交通, 情報・通信体系の整備 ・多様な交流の機会（国, 地方, 民間諸団体の連携）	（4つの戦略） 1 多自然居住区域 2 大都市のリノベーション 3 地域連携軸 4 広域国際交流圏

出所：国土交通省ホームページより筆者作成.

る外部依存型開発である外来型開発が主流であり，後進地域や周辺地域は，先進地域あるいは中枢地域から大企業の工場を誘致することを持って地域経済の振興策としてきた．

　しかしながら，誘致企業である分工場は[1]，経営戦略に関わる意思決定権を持たず，域外本社から外部コントロールを受け自律性が乏しく，域外本社等との企業内工場連関は活発でも地域内産業連関は弱く，低賃金非熟練労働を求めての進出であり，労働者や地域に技術蓄積をおこなう研究開発，マーケティング部門，財務部門などを欠き，地元の有能な人材に活躍の場を提供する職種を持たず，低次のマネジメントを担当する分工場経営者も域外本社からくるため，経済環境の変化への対応や内発的イノベーションが形成されず，進出工場に依存する地域経済は外部コントロールを受ける「分工場経済」となる．そのため，地域経済の量的拡大に成功しても，地域経済の質の問題が生じる．内発的発展が望めないとすれば，外部型依存開発に依存せざるを得ず，この場合は分工場経済の問題を抱えることになり，外部型依存開発を拒否すれば，後進地問題が未解決のまま残ることになる（中村，1990，pp.183-184）．

　高度経済成長から近年に至るまで地方への工場誘致は産業振興の重要な柱であり，都市部の過密した労働力が地方へ工業を脱出する圧力となり，政策的にも工業を地方へ分散することや都市部で確保困難な労働力・人材が地方では得られるものと考えられた（富澤，2010b，pp.54-56）．

　これについては，鉄道と道路網の整備による流通・移動の高速化，生産工程の自動化，高速通信網を実現した技術革新が地方への分散と管理労働と単純労働へ分化により，単能的な労働力を分工場や下請系列工場の形で地域分散的に調達・編成することを可能とした．その結果，地域に十分な資本や経営技術，工業生産に技術がなくても，労働力と土地を提供できれば工場誘致をおこなうことが可能となり，量産品の加工組立という生産機能は，技術革新とともに分離可能な工程から地方への移転を可能にする一方で，研究開発機能や管理機能は大都市圏に集中して残ることとなった．こうしたことから，分工場のある地域では，依然として研究開発機能や管理機能といった管理開発機能を持たず，都市部の管理に服する分工場・下請的な生産機能のみへの特化が続き，企業誘致による地方の工業化は，地域の産業連関を図り産業を発展させることには十

分つながっていない（富澤，2010b，pp.54-56）．

　また，競争環境の変化に臨機応変に対応する誘致した外部企業に対して，引き受ける側の地域は弾力的に対応できず，特定工場への依存が強いほど，工場の雇用調整や閉鎖が生じた時の影響が大きくなり，製造業の集積が希薄な地方の市町村では，大型の工場誘致はその地域の経済を分工場経済へと一気に引き込むという分工場経済が抱える本質的な不安定性を持つ（富澤，2010a，p.35）．誘致に至ったとしても，分工場を地域の人々が媒介として産業に携わる知識・経験を得て，みずからの物として消化することで，地域の人々が主体的に関わる産業の発展を準備することに着目しつつも，生産機能に特化した分工場であることから，現実には地域に工業の「循環的・累積的な発展機構」が形成されることはほとんどない．また，行政の役割としても，分工場における雇用労働から経営的知識を持った人材育成という視点を持っておらず，企業誘致をおこなうこと自体が目的になっている（富澤，2010b，pp.58-59）．

　これまでは，国の主導による総合開発計画にもとづいた拠点開発方式である企業誘致は高度経済成長以降の産業振興の柱であったが，これらは地域経済が外部コントロールを受ける分工場経済にならざるを得ず，域内産業連関が図られないことから地域経済の質の向上につながらないものとなり，企業誘致型の産業振興には限界がある（中村，1990，pp.183-184）．

　一部ではあるが，分工場における生産機能の高度化，生産現場だけではなく生産技術への人員配置，分工場における研究開発機能の存在，分工場内部に外注先選定の機能を有することや立地にあたっての地元の外注先候補企業の選定などによって，地元企業と連関を有する分工場が存在し，分工場の機能が固定的ではなく時間とともに変化する事例も見られる．分工場経済の問題の本質は分工場を誘致するか否かという誘致時における一時的な問題ではなく，長期的に地域経済内に内部化し，外部から誘致した分工場を内部化し，地元企業同様内発的発展ができるかどうかという視点が重要になる．分工場の存在をそもそも排除するのではなく，分工場の存在をも含み，企業誘致か否かという二元論を超えた長期的な視点にたった地域経済の発展戦略を構想する必要がある（榊原・南保，2009，pp.29-30）．

　企業誘致型の産業振興には限界があると言われる一方で，地元企業と連関す

る外部企業もあり，また，外部企業自体の機能も時間とともに変化することや
誘致企業という外部企業をどのように地域経済の発展に取り入れていくかとい
うことは，これまでの外来型開発論にはない動態的内発的発展論の有効性を検
証する上で重要な視点となる．

2　テクノポリス政策とその課題

　重化学工業を中心とした地域開発政策の失敗から，1980年代の産業構造政策
の課題として，日本の産業構造の知識集約化を図り，自主技術開発による産業
構造の「創造的知識集約化」「高付加価値化」を実現することにあり，これま
での重化学工業を基調とした「貿易立国」から頭脳資源を活かした付加価値の
高い知識集約型産業への転換である「技術国」への転換がテクノポリス構想の
もとにテクノポリス[2)]が地域開発政策の新しいモデルとして登場した（鈴木，
2001，pp. 1 -64）．

　テクノポリスは米国のシリコンバレーをモデルに，地域の文化・伝統と豊な
自然に先端技術産業の活力を導入し，「産」「学」「住」が調和した「まちづくり」
を実現し，産業構造の知識集約化と高付加価値化の目標と21世紀に向けての地
域開発の目標である定住圏構想とを同時に達成しようとする戦略であり，高度
経済成長期の地域開発政策が素材型の重化学工業の誘致政策として広大な臨海
工業地帯を整備するのに対して，空港・高速道路I.C.周辺の内陸部にハイテク
産業の誘致育成を図ろうとした．

　しかしながら多くのテクノポリス地域では開発目標を達成できず失敗に終わ
り，その要因としては，当初はナショナル・テクノポリスとして，全国に1～
2か所に国家資金が集中的に投入されると期待されたが，ローカル・テクノポ
リスとして最終的に26か所も指定され投資が分散された．その上，1970年代の
2度にわたるオイルショックによる構造不況などの影響により，高度経済成長
期に整備されたインフラストラクチャーを活用した安上がりのテクノポリス建
設であり，国による地域指定をテコに，地域産業の実態と乖離した画一的なハ
イテク型産業の誘致政策となり，1985年のプラザ合意による急激な円高の進行
と生産拠点の海外シフトなどが誘致型テクノポリスを破綻に追い込まれるケー
スもみられた（鈴木，2001，pp. 1 -64）．

1990年代になると，地域産業政策の焦点は工場再配置政策を基調とする誘致型テクノポリスではなく，大都市圏をも対象とし，地域産業政策の基調はハイテク型産業の誘致政策から新規創業や中小企業の新技術開発・新製品開発を支援するものに大きく転換された（鈴木，2001，pp.1-64）.

　テクノポリスを支援・推進する機関として，テクノポリス開発機構（テクノポリス財団）等のコーディネートをおこなう中間支援組織が設立され，公的試験研究機関の整備，交流・コンベンション等産業支援およびインキュベーター等の起業化支援施設の設置，機能・産業基盤の整備面では前進したが，総合的なコーディネート機関であるテクノポリス開発機構等は，債務保証，研究開発・助成，研修・指導および調査・研究の四つの法定事業の何れにも問題があった.

　債務保証事業は，実施状況がきわめて低調であり，金利や保証料が高いなど制度の根幹に関わる問題点が指摘された．研究開発・助成事業も，助成金額が少なく研究助成の成果がみえにくく，研修・指導事業および調査・研究事業は，講演会，セミナーなどの内容がマンネリ，少ない参加者，研修の効果が図れない等様々な問題が指摘された．加えて，テクノポリス開発機構の産官学連携システムは，組織の人的資源や大学のオープン化の問題により確立されなかった（原田，2001，pp.95-107）.

　テクノポリス構想は，欧米とは異なる国の主導による誘致外来型開発の画一的なハイテク産業の再配置をおこなう分工場誘致であり，国が求めたハード整備の要件は備えたが，研究開発等に関するソフト面が脆弱であり，開発機構の事実上の財政破綻，開発目標の未達成など事実上の失敗となった（鈴木，2001，pp.1-64）.

　続く，産業クラスター計画においても，地域産業の実態から乖離した事業計画に加えて，限定的なネットワークとなり，技術革新や創業などの産学連携による相乗効果や地域産業の優位性を生かすことができなかった．その背景には，計画の策定や事業化が，地域ブロックの経済産業局や当該地域の自治体，主に都道府県主導で進められたことにあった．地方圏では有力企業が少ないうえに，自治体の財政基盤も弱いことから政府予算に依存せざるを得ず，補助金を獲得しやすいよう，国が成長分野に位置付ける産業に地域産業を当てはめる形で事業計画が立てられた．そのうえ，産業を推進するプラットフォームは行政中心

で進められ，大半のプロジェクトが自治体設置の公益法人等の行政機関の内部組織となり，継続できなかったプロジェクトでは，経産局や自治体の首長が役員を務め，行政が最終的な意思決定権を担うこととなり，行政からの独立性が確保できず，イノベーション，インキュベーション，人材育成などが十分ではなく産業振興が困難になることは必然であった（星，2016, pp.7-13）.

　クラスター計画が産業振興につながらなかった主な要因は，国主導で画一的に進められたことによる地域産業の実態と乖離した計画策定にあり，地域産業の振興を図るには，行政に過度に依存せず，地域の実態に即した戦略・計画を策定し，それを着実に実行する地域主導で産業振興を図る体制の構築が不可欠といえ，地域主導型の産業振興を実現するには民間部門と行政それぞれの役割分担が必要である（星，2016, pp.7-13）.

　テクノポリス政策が国の主導のもとに画一化された地方の限られた財源によるローカル・テクノポリスとなり，都市部ではない地域での事業展開は，財源だけではなく研究開発に関する人材も不足し，中間支援組織となるテクノポリス開発機構のコーディネート機能が確立されなかった．加えて，ハイテク産業の再配置をおこなう分工場誘致型のテクノポリスという構造になり，ハイテク産業に特化したことから地域の既存の産業との連関もあまり形成されず，拠点開発方式に続く知識集約型産業であるテクノポリス構想という地域開発の限界があきらかになった.

　テクノポリス構想に続くクラスター計画においても，国主導の画一的なものとなり，産業を推進する中間支援組織となるプラットフォームも自治体主導であり地域主導での産業振興を図る体制にはなかったことが示されている.

3　欧米におけるハイテク型開発政策とサイエンスパーク

　日本のテクノポリス政策は事実上破綻しているが，そのモデルとなったのは半導体技術のメッカである米国のシリコンバレーであり，また，ヨーロッパにおいても同モデルを垂範し成功していることから，欧米におけるハイテク型開発政策を外観する.

　シリコンバレーにはスタンフォード大学はじめとした大学があり，卒業した大学生たちが大企業で様々な研究をし，大企業からスピンアウトし，最初は日

本ではベンチャー企業と呼ばれる規模の小さいガレージインダストリーをスタートさせ、それが力をつけて大きくなる。そのために全米から600ぐらいの企業が集まり、学からスタートし、産ができあがり、それでひとつの町づくりが自然発生的に形成されたものである。それに対して、日本のテクノポリス構想は、それを自然発生的ではなく計画的にやっていこうとするものであった（飯塚、1981、p.75）。

　ヨーロッパにおいてもアメリカの先進事例を垂範し、とくにイギリスでは、800〜900年という長い歴史に培われた大学の研究成果と豊富な財源をもとに、大学、大学と民間の主導による研究成果の延長線上にサイエンスパークが整備された。

　イギリスのサイエンスパークは、開発主体は研究機関・大学と行政・民間とのパートナーシップによるものであり、国や地方政府は財政的な支援にとどまる。これらの運営主体の経営には、入居企業のマーケットベースの賃料による独自財源を確保しており、運営の自律性と入居企業等へのニーズ対応を可能としている。加えてその目的が入居企業のビジネス支援を主としており、豊富な研究成果やビジネス支援サービスの専門性により、ベンチャーをはじめとした企業の育成につながっている（鈴木、2017、pp.79-105）。

　加えて、地元経済団体をはじめ地域の連携のもとに、ベンチャー企業を資金面、技術・法務など専門的なサポート体制を持って応援する仕組みが整っており、イギリス政府や地方政府の関与・支援があるものの200近いサイエンスパークを構成とするイギリスサイエンスパーク協会が機能しており、継続の可能性につなげている（鈴木、2017）。

　日本のテクノポリス政策が、国主導のもとに画一的な誘致外来型開発で、中間支援組織も運営主体の自律性が乏しく、また、財源や研究開発に関する人的資源が乏しかったこととは大きく異なる。

第3節　地域開発政策の現状と課題

　第1節においては、歴史を振り返りつつ戦後日本の地域開発政策がどのように展開されてきたのかを全国総合開発計画における地域開発政策を検証すると

ともに，先行研究においてその課題をあきらかにした．

　第2節においては，内発的発展につながらなかった分工場に関する先行研究と，拠点開発方式に続き行われたテクノポリス政策とその課題を示した．国の主導による総合開発計画にもとづく地域開発が行われ，拠点開発方式を中心に地域外の先進地域の大企業の工場を誘致することによって地域経済につなげようとしたが，地域経済は都市部の管理に服すという外部コントロールを受ける分工場経済にならざるを得ず，地域産業連関が図られることなく地域経済の質の向上につながらなかった．しかしながら，一部には，外部企業にも変化がみられることやこれまでの二元論を超えた長期的な視点から外部企業をどのように地域経済の発展に取り入れていくという，動態的内発的発展論の重要な視座も示されている．

　知識集約型産業であるテクノポリス構想についても，国の主導のもとに画一化されたものとなり，ハイテク産業の再配置をおこなう分工場誘致型のテクノポリスという構造になり，地域の既存の産業との連関によるイノベーションを起こすことなく事実上の失敗となり，企業誘致型の地域開発には限界があることを検証した．

　第3節では，欧米におけるサイエンスパークにおいては，民間主導により地域産業ネットワークとして環境変化に対応し，イノベーションを生み出す仕組みが形成されている．ヨーロッパにおいてもアメリカの先進事例に垂範し成功している．イギリスにおけるサイエンスパークは，国や地方政府は財政的な支援にとどまり，研究機関・大学と民間企業が主導してパートナーシップを組んで運営の自律性を確保している．また，研究機関・大学と民間のネットワークによる研究成果の交流やビジネス支援サービスが，ベンチャーをはじめとした企業の育成につながっている．とくに，地元経済団体をはじめ地域の連携のもとに，ベンチャー企業を資金面，技術・法務など専門的なサポートをする体制やイギリスサイエンスパーク協会が機能しており，これらの中間支援組織やコーディネート機能がサイエンスパークの継続の可能性につなげていることがわかった．

注

1）　空間組織の形態の一つにおいて，その階層構造にあって，R&Dと戦略的機能は，本社の立地する場所で遂行され，他の多数の工場（二つ以上あると仮定）が異なる地域に立地し，一方の分工場では複雑な部品が製造され，他方のそれでは最終組み立てが行われることは，国際ないし国内の両方のレベルでよく知られている空間構造である．Massey（1995＝2000, pp.62-71）．

2）　サイエンスパークは，知識経済時代におけるベンチャー企業創出，新産業創造のための新しい産業インフラを指す．中西（2001, pp. 1 - 2 ）．テクノポリスはテクノポリス（高度技術集積都市）構想における地方中核都市等の開発圏域であり，サイエンスパークを含む．鈴木（2001, pp. 1 -20）．京都リサーチパークは個別の名称．

第2章

地域開発に関する諸理論

第1節　内発的発展論の展開

　日本の地域開発についての研究が行われる中で，外部の力に頼る外来型による地域開発に対置する理論として，地域が主体となって域内産業連関を図る内発的発展論が研究されている．また，内発発展論とは異なり，外部の力も取り入れることで地域経済の発展につなげる動態的内発的発展論が提唱されている．地域経済の発展を研究する上で，内発的発展論，動態的内発的発展論および地域開発に関連する諸理論が重要な視点となることから，これらについて取り上げる．

　「内発的発展」は，1976年に鶴見和子が邦文の論文で使ったことばであり，前年の1975年には，英語で"Endogenous Development"ということばを使っている．同年にスウェーデンのダグ・ハマショルド財団が第七回国連特別総会あてに出した報告書には，「もう一つの発展」とういうことばが使われており，欧米においても同時期に内発的発展に関する研究が行われている（鶴見，1991，p.1）．

　日本における内発的発展論は，1980年頃より高度経済成長期以降の新産業都市計画や大都市圏のコンビナート型地域開発を調査した宮本憲一によって，実証的研究により本格的に展開された（佐々木，1992，pp.16-20）．

　これまでの世界の近代化は，西欧やアメリカの先進工業国をモデルとした工業化・都市化であり，土着の文化に根ざす技術や産業構造などの経済構造を無視して先進工業国の最新の技術を導入することで，先進工業国の経済構造に追いつき追いこそうとするものであった．

　宮本は，このような外来の技術や経済組織を導入するという開発の思想は一

国内の地域開発の場合でも同様であり，後進地域に巨大な資本や国の公共事業を誘致し，それに地域の運命を預ける外来の資本，技術や理論に依存して開発する方法を「外来型開発」(Exogenous Development) と定義した (宮本, 1989, p.285)．これらは国家や自治体が総合計画をつくって地域を指定し，企業の必要とする社会資本を計画的に供給し，減税や補助金などの経済的援助を与えて誘致するという方式であった．外来型開発は地域の雇用や地元の産業との連関につながることなく，その利益は，東京を中心とした大都市にある開発本社に吸い上げられるが，開発のために整備された工場あるいは分社などがある地域には利益が流れることはなく，輸送に伴う排ガスや工場から出る公害によって住民への健康被害や環境破壊を招いた．

このような外来型の開発に対して，宮本は地域の企業・組合などの団体や個人が自発的な学習により計画を立て，自主的な技術開発をもとにして，地域の環境を保全しながら資源を合理的に利用し，その文化に根ざした経済発展をしながら，地方自治体の手で住民福祉を向上させていくような地域開発の理論を内発的発展論とした (宮本, 1989, p.285)．

宮本の内発的発展論の基本的特徴は，第1に，主体論（企業に依存しない住民主体の工夫によって産業を振興し，外部の企業に依存しない，国や県の補助金に依存しない，外来の資本・補助金を導入する場合は，地域経済がある程度発展し，必然的な関係がある場合のみとする）．第2に，目的論（経済振興だけでなく，環境・教育・医療・福祉・文化など，地域住民の人権の確立を求める総合目的を持っていること）．第3に，方法論（地域内需要に重点を置いて，全国市場や海外市場の開拓を最初からめざさない，産業開発は複雑な産業部門にして，付加価値があらゆる段階で地域に帰属するような地域産業連関を図ること）に整理される (中村, 2006, pp.17-24)．産業発展にあたって，特定業種に限定せず，多様な産業連関構造を地域内でつくりあげ，付加価値が地元に帰属するような地域経済の質をつくりあげるもといえる（地域経済の質的発展）(佐々木, 1990, p.134)．

外来型開発は，進出企業の経済力や波及効果による所得や雇用の向上からの税収の増加への期待，その得た税収を持って地域住民の福祉の向上を図ることを期待されたが，実際には投資効果がなく，加えて誘致された外部企業による公害や環境問題が発生することになった．これらについては，宮本による戦後

日本の地域開発政策を代表する事例である堺・泉北コンビナートをはじめとした現地調査研究により実証されている（宮本，1977，pp.45-104）．

　日本の外来型開発は，明治時代の殖産興業にはじまるが，戦前は，個別企業の自由な立地であったが，戦後は国や自治体の地域開発政策によって重化学工業が進められたことに特徴がある．1950年代には多目的ダム，高度経済成長期には鉄鋼，石油，石油化学などの素材供給型産業のコンビナート誘致が中心であったが，石油ショック以降の1970年代はハイテク産業に変わり，近年の1980年代ではサービス産業，とくに観光（レジャー，スポーツなどのリゾート）産業の誘致に変わっている．近年の地域開発は工業化からサービス化に代わり，単なる工業地帯建設あるいは商業やリゾート地域の造成ではなく，住居や公共空間を含めた都市づくりと内容が変わったが，国や自治体がマスタープランをつくって地域を指定し，企業の必要とする道路や港湾などの社会資本を計画的に供給し，減税や補助金などの経済的援助を与えているという方式は同じである．あるいは新幹線，高速道路，空港や国立の大学・研究所などの国の大規模公共事業・サービスに依存した地域の開発も想定している（宮本，1989，pp.285-286）．

　外来型開発は，その地域とそこに暮らす住民の生活を向上させえない本来的な欠点を持っている．第1に，先行投資の意思決定と企業進出の意思決定との主体が違うことにあり，行政が大規模な先行投資をしても，企業の進出と撤退の意思決定権者は企業であり，進出しないことや，採算が合わなければ閉鎖・撤退することとなる．第2に，企業が進出して利益をあげても，利益は本社，親会社に回収され，その地域で投資されるケースは多くなく，仕組みとして地域経済が発展するような拡大再生産は期待できない．第3に，企業は利潤動機で行動するため，コストとなる公害・環境対策費を最小にきりつめるため，公害・環境問題を発生させがちとなる．とくに域外企業であれば，この傾向がより強まることになる（保母，1996，pp.134）．

　後進地域に巨大な資本や国の公共事業を誘致し，外来の資本，技術や理論に依存して開発するという外来型開発について，地域開発のスタイルが工業化からサービス化にかわっても，国や自治体の総合計画により地域が指定され，外部企業が要する道路や港湾などの社会資本の供給と，減税や補助金などの経済的援助を与えるという方式は同じである（宮本，1989，pp.285-286）．

外来型開発による地域開発では，利益が地域に落ちることがなく，地域で投資されず，イノベーションが創出されないことから地域経済の発展にはつながらない仕組みであるとの批判がある．

第2節　動態的内発的発展論の提起

中村剛治郎は，これまでの内発的発展論に対して，現実に外来型開発によって外発的成長をしてきた地域経済を内発的発展への地域経済に実際的，政策論的に捉えるという動態的内発的発展論を提唱している．その背景の一つとして，内発的発展論が研究された重化学工業による環境破壊が行われた工業化の時代から知識経済の時代へと移行していることにある（中村，2006，pp.402-403）．

経済活動の流れをみてみると，17世紀から18世紀にかけて農業の時代に，18世紀から20世紀の中頃には軽工業の時代に，19世紀中頃から21世紀には重工業の時代となっており，18世紀から21世紀にかけた軽工業，重工業を合わせた工業の時代から20世紀以降は情報・知識の時代が到来している（総務省，2007）．

産業別の就業者数をみても，農林漁業，鉱業が1951年には，2,000万人近くあったのが，1970年代には大幅に減少しており，その反面，建設業，製造業は，1990年代までは増加傾向にある．1970年以降はその他（サービス等）が増加し，2020年には就業者数の半数以上を占めており構造に大きな変化がみられる（労働政策研究・研修機構，2022）．

工業化の時代は，機械や資本が主導し，労働する人間が従属的な地位にあり，雇用や所得の機会を確保するための企業誘致などが重要であるという計画や行動を前提としていた．しかしながら，新しい知識やアイデアなどによって，製品・サービスの開発や生産方法，市場開拓に差異を生み出す人間の創造性が経済活動をリードする知識経済の時代になっていることが背景にある（中村，2006，pp.402-403）．

内発的発展が個々の地域の特性を踏まえる必要があることからすれば，時代背景についてもその変化や進化をとらえる必要があり，工業化の時代から知識経済の時代へという背景が動態的内発的発展論の前提となっている．

1 内発的発展モデル，外来型開発モデルおよび動態的内発的発展モデルの特徴

これまでみてきたように，大企業等の工場等の誘致による外来型開発モデルは，域外産業連関によって，域内に誘致された外部企業と域外企業との中間需要あるいは域内の外部企業と域外の消費者との最終需要である外需（域外需要）につながる．しかしながら，誘致された外部企業と地元企業の産業連関が図られず，地域経済の成長（量的拡大）はあっても，域内産業連関が図られないことから地域経済の発展（質的発展）にはつながらない（宮本，1989，p.294）．

内発的発展モデルは，地元が主体となり，地元企業同士が，域内産業連関を図ることによって，商品の原材料や燃料等の産業間取引である中間需要につなげることや地元消費者との最終需要である内需となる．しかしながら，地元企業同士の連関そのものは外需（域外需要）につながらず地域経済の質的発展はあっても量的には縮小か維持にとどまり，地域経済の成長はこのモデルのなかでは想定されていない（中村，2006，pp.17-24）[1]．

現実に内発的発展が望めない場合には，外来型開発に依存せざるを得ず，依存した場合は経営戦略の意思決定権を持たない域外本社から外部コントロールを受け自律性がない進出工場等の外部企業に依存する地域経済は分工場経済の問題を抱えることになり，外来型開発を拒否すれば，後進地問題が未解決のまま残るという課題がある（中村，1990，pp.183-184）．

外部の企業による制御ではなく，地域が制御する能力を持って外部企業を受け入れ，それを地域が統合的に組織するのであれば，地域経済の発展過程で，その補完的役割を果たす経済活動として外部企業を積極的に導入することができる．これを示す理論として，動態的内発的発展論が提唱されている（中村，2014，pp.1-4）．

動態的内発的発展モデルは，地元企業と外部企業が連携し，域内産業連関を図ることにより，域内での中間需要につなげるとともに，外需（域内の地元企業・外部企業と域外企業の中間需要あるいは域外の消費者との最終需要）となることで地域経済の発展につなげる（量的拡大・質的発展）ものである（図2-1）．

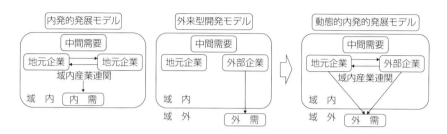

図2-1：内発的発展モデル，外来型開発モデルおよび動態的内発的発展モデル
出所：宮本（1989），中村（2014）より筆者作成．

2　制度的仕掛け

中村は，日本を含めた後発資本主義国は，世界資本主義の中心である西欧の外圧のもとでは，外発的経済が基調になるため多くの地域経済は内発的発展の道は厳しく，地域経済の成長は実現したものの質的問題に直面するため，外発的経済を切り離して内発的発展の道を試みるか，従来の内発的発展論による外来型開発か内発的発展かという対置する二分法では矛盾する外発的成長から内発的発展への転化への実現を提起している．この矛盾を解くには，従来の制度的構造を受け入れつつ，新たな課題に対する新しい制度の導入で新たな経路を創出するという制度拡充という制度的仕掛けを媒介することが政策課題であるとしている（中村，2014，pp.3-12）．その上で，人々の行動を定型化し制約するものとして一般的な意味での制度に加えて，既存の制度構造を前提としつつも，人々の期待や思考に変化を起こし，諸主体の潜在的可能性を拡張するような制度拡張による経路修正という新しい地域政策の可能性を強調している（遠藤，2014，p.37）．

これまでの研究は，内発的発展か外来型開発かどうかという二分法で議論されていたが，現実の地域経済を実態からみた制度拡張による経路修正という制度的な仕掛けに着目する必要があるとされている．

3　制度的仕掛けによる事例

中村は，外発的成長から内発的知識経済の発展に転化した事例を取り上げて

いる.

　一つには，ポートランド（米国オレゴン州）におけるハイテク企業を誘致することによって地域経済の成長を回復させようとする事例である．成功の要因としては，厳しい土地利用計画や都市計画により，生活の質をより良いものとするなど地域的制度的な仕掛けを整備したことにある（中村，2014, pp. 7-9）．

　日本の閉鎖的労働市場とは異なり，自己の仕事能力による転職で生活の質を守らざるをえないアメリカの制度環境のもとで，第1に，研究開発型のハイテク産業が集積するポートランドの労働市場でスピンオフ企業の起業を可能にする基盤としての一般性をもつ専門知識・スキルの蓄積が進んでいたこと，第2に，ハイテク企業が技術と市場の変化が激しい産業であったことから，これらの変化に対応することができず，自己の仕事能力に応じた転職や起業企業に踏み切らせる可能性をもっていたこと，第3に，知識労働者が住み続けたいと思い続けるような自然豊かで，文化に富み，高いレベルの生活の質を提供する住みよい都市であるという三つの条件が揃ったことが成功の要因と考えられる（中村，2014, pp. 7-9）．

　先進国経済にいまなお生き残る工場は，分工場であっても，低熟練労働に依存する工場ではなく，研究開発機能を集積する工場である場合が多く，これらの条件を基礎として企業誘致型産業集積からも制度拡充の視点から工夫された地域的制度的仕掛けの整備によってはスピンオフ企業の起業が活発になり，内発的知識経済への転化を導く可能性がある．これらは，工業化時代とは異なるポスト工業化段階の知識経済には共通する論点であり，各国においても知識経済への移行により，地域的制度的仕掛けの整備によっては，企業誘致型産業集積からもスピンオフ企業の起業が活発になり，内発的知識経済へ転化することの可能性が示されている（中村，2014, pp. 7-9）．

　もう一つはフィンランド・オウルにおける分工場経済から内発的知識経済へと発展した事例である．安心して暮らせる福祉国家など，リスクをとって起業するビジネス環境の弱い制度的構造を持つ国では，国際競争力のあるハイテク産業を発展させることは苦手で，安定的な量産型産業で競争優位性をもつ傾向があると考えられてきたが，辺境のオウルにおいて，情報通信技術産業であるノキアの分工場により内発的知識経済の発展につながった事例である．

政府とノキア（分工場）とオウル大学の三者が一体となってフィンランド技術研究センターオウル支所を設立し，ノキアの携帯電話事業の発展に取り組み，世界的な成功を収めた．ノキアはその後，携帯電話からスマートフォンへの移行を見誤り，現在，再生の過程にある．しかしながら，オウル経済としては，ノキアの成長は地元の多様な中小企業群への発注などの恩恵をもたらすことになり，地域的経済的効果を享受することとなった．地元の中小企業は，受注に伴う技術刺激が競争力強化につながり，しだいに特定企業（ノキア）への依存度を下げ，独自の国際競争力を強化し，オウル経済は，多様で自律的な発展につなげることに成功した．オウルは，国際的に注目されるICT産業の開発拠点として発展し，外来型開発によって外発的成長をしてきた地域経済を内発的発展への地域経済とすることに成功している．この後押しとして，オウルが技術研究センターの技術研究者たちにリスク保証を行いながらスピンオフ企業を担う起業家人材を地域に大量に送り出したことも内発的知識経済への転化につながった要因である．

この事例は，フィンランドの地域政策が，グローバル競争や知識経済への移行のもとで，地方圏における内発的発展が困難になっている現状を踏まえて，国が内発的発展を支えるための制度的な仕掛けを積極的に整備することで国の役割を果たすことが重要であることが示されている（中村，2014，pp.7-9）．オウルの事例をつうじて，社会的安定性を重視する福祉国家制度の下でも，地域的な制度拡充による経路修正が可能であるということが示されている（遠藤，2014，p.39.）

オウルの事例では，工業化時代から知識経済に移行し，これまでは地域に利益が落ちないとされていた外部企業の支店や分工場の誘致が，地域的制度的な仕掛けによって，知識や技術の地域への移転によるスピンオフや人材の育成開発など内発的発展への可能性を持つことが示されている．

なお，オウルの事例では，フィンランド技術研究センターオウル支所がノキアと地元の中小企業群との中間支援組織の役割を果たしているが，中間支援組織論として明示的に理論的な視点での展開はされていない．

第3節　動態的内発的発展論に関連する諸理論

　動態的内発的発展論においては，知識の創造とイノベーションの創出を産業の競争優位を決める重要な要因としている．この項では，知識とイノベーション，そしてイノベーションが創出される仕組みがどのように研究されているのか，また，動態的内発的発展論に関連する諸理論がどのように研究されてきたのかについて概観する.

1　知識の創造とイノベーション

　当初，知識は資源のうちの一つでしかなかったが，18世紀以降のテクノロジーの発明によって，知識は資源の中心となっている（Drucker, 1994, pp. 6 - 9）.

　知識は「産業革命」では，道具，工程，製品に応用され，1880年頃から第二次世界対戦末期の「生産革命」では，新たに仕事に応用され，第二次世界大戦後には知識そのものに応用され「マネジメント革命」を引き起こした．いまや伝統的な生産要素である土地，資本，労働は二義的要素となり，知識が最大の生産要素となった.

　新しい意味での知識は，社会的，経済的成果を実現するための知識であり，知識の変化の最終段階にある．「産業革命」「生産性革命」「マネジメント革命」の根底には知識の意味の変化にある（Drucker, 1994, pp.19-67）．ポスト資本主義社会においては，知識が生産手段となり，知識社会の中心を担うのは知識労働者である（Drucker, 1994, pp. 6 - 9）.

　アンデルセン（Andersen）によればシュンペーターのイノベーションは，経済発展を外から強いられた経済生活の変化ではなく，みずからの主導によって内から生じるような「経済生活の変化」として定義され，これらの変化は新たな結合で有利なものを生じる概念とされており，第1に，新たな種類の製品，製品の種類，新たな生産過程と一部の消費者の定例的な商品変化を必要とするプロダクト・イノベーション，第2に，既存製品の生産過程の変化であるプロセス・イノベーション，第3に，企業行動の基礎となる提携業務の変化，市場構造の変化を伴う組織上のイノベーション，第4に，以前は消費者のある集団

により定例的に使用されていた製品が，たとえば，外国にいる性格的に異なる使用者の集団の定例的な消費に導入される市場のイノベーション，第5に，経済システムに新たな原料，新たな中間財が導入されることの投入イノベーションがある[4]．

　知識やイノベーションの役割が地方経済の分析や政策立案の際の焦点となっており，1970年代から1980年代にかけては，グローバル経済の競争のなかで先進諸国を中心とする地域における製造業の衰退と再生という事情に対し，産業の競争優位性が局所的に現れている第三イタリア，シリコンバレー等に着目された産業集積/クラスター論が提起されている．これらの競争力の仕組みに関して，製造業を中心とする企業集積や企業間ネットワークに焦点がおかれ，商品，取引価格，有利な労働条件，明示化された情報等を指標として個別の構成要素を理解する要素還元的な分析が行われた（北島，2010，pp.3-5）．

　これに対し，1990年代以降には，知識と知識を基礎とするイノベーションが，企業/産業の競争力の強化につながるとされており，知識やイノベーションを軸に構築された知識/イノベーションの地域モデルが提起され，地域の成長や競争力のメカニズムに対する関心は，生産ネットワークから「知識の流れ」へと移行している．そのため，イノベーションや学習のプロセスに焦点がおかれ，知識については，地域固有で埋もれた技術や知識，慣習や規範，非商業的かつ非明示的な情報である暗黙知識や様々な諸制度といった社会的文化的要因を基軸に歴史的かつ包括的に把握された（北島，2010，pp.3-5）．

　知識の創造は，これまでのような企業誘致をして雇用対策につなげるといった労働する人間を従属的な立場から，知識の投入による製品やサービスなどにより生産方法などを人間の創造性により経済活動をリードしていくものへと変化させた．知識の創造的な活用や創造を担う人材が集積すれば，暗黙知識を含む知識や知恵の共有・信頼を基礎に，専門化した部門・分野が生まれ，様々な刺激を受けようと専門部門・分野に関心をもつ多様な人材が地域に引き寄せられ地域経済が発展する可能性がある．知識の創造は，地域がつくり上げる地域固有の制度を育み，ITでは果たせない重要な役割を果たすことになる（中村，2004，pp.80-82）．

　イノベーションについては，市場における競争や階層的内部組織における取

り組みだけではなく，企業と企業の関係，企業と地域の大学など企業の外部的関係を自発的で柔軟な地域的協力関係である地域的ネットワーク・システムとして組織することが重要となる．また，対立する状態に媒介項を入れることによって質的に高いレベルの発展が生まれることから，イノベーションの促進につながるネットワークや政策介入に着目している．

これまでイノベーションのプロセスは企業のなかでのことだとされてきたが，現代では地域が大きな関係を持っている．イノベーションの創出，知識の創造的適用，技術の伝播などの過程は，関係する人々による意識的な協働作業，協力関係といったネットワークによって生み出される．そのため意識的に創り出されたる地域における信頼を基にした人的あるいは企業間，企業と他の組織との自発的協力関係である地域的ネットワーク関係が，イノベーションのプロセスと知識の創造に大きく関わっている（中村，2004，pp.80-82）．

動態的内発的発展論では，イノベーションを創出することが重要とされており，人的，企業間，他の組織との自発的協力関係である地域的ネットワーク関係が着目点となる．

2 産業集積論，産業クラスターとその課題

内発的発展論，動態的内発的発展論に関連する諸理論を概観する．

地域開発については，地域への企業誘致による産業の集積によって地域経済の発展につなげようと試みられた．

産業集積論を外観すると，産業集積は，新しい知識が創り出されるメカニズムであり，その効果，持続する理由として，知識・技術のスピルオーバー，シナジー効果，補助的（派生的[5]）な仕事の成長，産業集積が様々な地域からの労働力流入を引き起こすこと，資本流入の促進，雇用主と労働者との間に協調的な雰囲気が存在し，生産が順調になされ集積が持続するとされている（山本，2005，pp.67-70）．

産業集積の場では，スピルオーバーは，技術や知識が伝播すること以上のことが起きる．優れた仕事が正当に評価され，機械，工程，ビジネス組織に関する改善案がすぐに議論されやすい環境があり，新しいアイデアを採用すれば，それがまねられ，まねた人の独自のアイデアと結合してさらに新しいアイデア

が生まれやすい．スピルオーバーしてきた他社の知識を自社の知識と融合させて新しい知識が作り出されるメカニズムが，これを保証するのである（山本，2005, pp.67-70）．

　生産方式に着目してみると，ピオリとセーブル（Piore, M. J. and Sabel, C. F.）は，大量生産経済に対すると小規模企業との間欠的生産方式・クラフト的生産という産業の二重性論は，今日の経済構造を適確に描き出しているが，19世紀の最も高名な産業地域の構造を伝えるものではない．クラフト的生産を経済活動の伝統的形態かあるいは従属的形態にとどめようとする観点には限界があり，クラフト的生産は，大量生産体制に取って替わる技術的発展のモデルでありうる．経済的成功を収めたクラフト的生産体制の地域は，互いに依存する性質を持ち，これらの地域は国内外を問わずそれぞれ非常に異なったマーケットに向けて，多岐にわたる製品を生産し，産業地域が新しい市場を開拓するために変化する嗜好に対応し，絶えず製品の質を変えている．企業間の協力と競争を調整する地域ごとの協力組織を創造することにより永続的な革新が推進できる（Piore, M. J. and Sabel, C. F. 1986=1993, pp.35-41）．ピオリとセーブルは，柔軟な専門家システムという地域的産業システムによって，企業間の協力関係を基礎とするネットワーク的モデルを提起すると同時に経済と社会を分離して，経済を社会や文化，政治，環境など非経済的要素との関係のなかで捉える政治経済学的方法が現実的で有効であることをあきらかにした（中村，2004, pp.27-34）．

　クルーグマン（Krugman）は，マーシャルの地域集中化の原因は，第1は，同一の産業の企業が一か所に集中すると，それによって特殊技能労働者が集まって労働市場を形づくり，特殊技能労働者の市場は労働者にも企業にも利益をもたらす，第2は，産業の中心地が形成されると，その産業に特化した様々な非貿易投入財が安価で提供される，第3は，産業が集中していれば情報の伝達も効率もよくなり，技術の波及が促進されるとし，集中化された労働者が産業の地域集中化において重要な役割を果たすというマーシャルの論理が収穫逓増と不確実性の「相互作用」によって裏付けられるとしている．しかしながら，マーシャルのこの論理は，産業の地域集中化により，技術の波及が重要な役割を果たしていることは確信するが，地域集中化が起こる典型的な理由とは考えていないと指摘している（Krugman 1991=1994, pp.49-69）．

クルーグマンの分析に対しては，収穫逓増モデル分析においても規模の経済
や輸送費節約など初歩的分析が中心で限定的であり，マーシャルの重視した技
術・技能の伝播が軽く扱われており分析に限定性がある．知識・技術の創造や
伝播の過程は，地域社会における人間関係，信頼，地域文化，共通の価値や地
域アイデンティなど非経済的な要素が深く関わり，数量的モデル分析にはなじ
まない性格が強い．そのため，数理的モデル分析になじまなければ科学的の対
象ではないという理論は，収穫逓増の静態的な分析にとどまり，収穫逓増効果
という経済のダイナミズムに関わる問題を，その発生，発展，消滅に関わる分
析が行われていないとの指摘がなされている（中村，2006，pp.31-34）．

産業集積におけるイノベーション生成の際には，産業集積の「外部」とのつ
ながりが重要であり，有形的なモノやカネがやりとりされる企業間の取引関係
だけではなく，無形的な情報・知識の交換が行われる共同研究開発のような水
平的な組織間関係にもあてはまる（與倉，2017，pp.133-135）．

地域的集積においては，多様な産業が集積していることによる都市化の経済
について，企業城下町や地場産業地域のように，単一の産業に特化している場
合には，その成長や衰退によって地域経済の運命は左右されるが，大都市にお
いては都市型工業から第三次産業までの多角的な産業の集積があるため，環境
の変化に対する適応力が高く，都市内での異業種の情報や技術のネットワーク
をつうじて，新たなイノベーションが生まれやすい（富樫，2010，p.37）．

集積内での非経済性も含めたネットワークは縦横であり，産業集積における
イノベーション生成の際には，産業集積の「外部」とのつながりや水平的な組
織間関係が重要である．また，単一の産業ではなく，多角的な産業の集積の方
が環境の変化に対する適応力が高く，異業種の情報やネットワークをつうじて
イノベーションの創出につながりやすい．

3　イノベーションや知識の創造に関連する諸理論

動態的内発的発展論は，イノベーションや知識の創造に着目しており，これ
らに関連する諸理論を概観する．

1990年代半ば以降，イノベーション，学習，知識創造といった産業集積の時
間軸と変化に関連した側面に関心が急速に移り，合わせて地域内の文化・規範・

信頼・慣行・雰囲気といった非経済的要素の重要性が意識され，産業集積のなかでイノベーションを実現するとの認識が広く共有されるようになった（立見，2007，p.43）．

カマーニ（Camagni）のミリュー論[6]は近接性を重視しており，地域の関係者の機能的，情報的依存を暗黙的に組織化し，集団学習プロセスにおける生産性の向上，不確実性の程度の低減ができるとしている（Camagni, 1991, pp.129–137）．しかしながらミリューとイノベーションとの関わりがいま一つ不明瞭な点が課題である（川端，2013，pp.189–190）．ミリュー論は，地理的近接性によるイノベーションの促進などの優位性を示しつつも，領域内にとどまることに限界がある．

ミリュー論などをさらに発展させた地域イノベーションシステム論は，ヨーロッパの経験にもとづいており，企業と知識開発・普及を業務とする機関との間の協力関係がメインテーマであり政策的志向が強い．しかしながら，企業家サイドのミクロ的視点に欠け，産業や技術特性も踏まえないため，地域における学習やイノベーションの担い手の実態が不明瞭となり，どのように地域産業にイノベーションが生まれて，発展・波及していくのかといったプロセス面の内部メカニズムも解明できないとの指摘がある（長山，2005，pp. 8 – 9 ）．

フロリダ（Florida）は，グローバルな知識資本主義の新時代において，地域が重要な要素であり，学習する地域としての特徴を備えることで，地域自身が知識創造と学習の中心的存在になりつつあるとしている．学習する地域は，知識やアイデアの収集・保管場所として機能し，知識，アイデア，学習の流れを促進する基礎的な環境またはインフラを提供し，イノベーションと経済成長の源として重要性を増し，グローバリゼーションの推進力となっている．地域は経済，技術，政治，社会組織の中心的な存在となり，国家的な競争力を重視する戦略や政策から，地域規模での持続可能な優位性の概念を軸とした戦略や政策への転換が進むとしている（Florida, 1995, pp.527–536）．

学習地域論は，知識創造の鍵は企業の内部ではなく立地する地域の側にあると捉え，イノベーションは地域的なインフラ環境が決め手になると考えられ，それらには製造インフラ（財やサービスを生産する企業のネットワーク），人的インフラ（知性を生産に生かすことのできる知識労働者の人的基盤），物的および通信インフラ（モノ，人，情報をジャストインタイムで移動させるインフラ）の三つがあり，地

域的な状態はイノベーションが発生するかどうかに影響しているとする（Florida, pp.527-536）．

アメリカのハイテク型開発では，地元ベンチャーのスタートアップについてマサチューセッツ州ボストン郊外の環状高速道路ルート沿いの集積（ルート128地域）とサンフランシスコ南部のシリコンバレーの比較研究が行われている（清成，1986，pp.152-170）．

サクセニアン（Saxenian）によれば，連邦政府は軍事技術を開発するために大学の研究施設に資金を注ぎ込み，新しい産業や新しい地域の成長を育んだ．両地域は，1970年代には世界的な脚光を浴びるが，1980年代には衰退をみせつつも，シリコンバレーでは，新興企業が勃興し，1990年代にはルート128地域が衰退の一途を辿る反面でシリコンバレーは国際的な競争パターンの変化にうまく対応ができたとしている．その要因として，シリコンバレーが地域的なネットワークをベースとした産業システムを持ち，このシステムが地域の濃密な社会的ネットワークとオープンな労働市場によって，実験と起業家精神が促され，企業が激しく競争する一方で，同時に非公式のコミュニケーションから技術の変化を学び，緩やかにつながったチーム構造により，企業の部署間，外部のサプライヤーや顧客との間に水平的なコミュニケーションが活発だったことがあげられる．

他方，ルート128地域は，比較的統合された少数の企業によって占められ，産業システムは多岐にわたる生産活動を内製化されており，企業の階層構造は中央集権的で情報の垂直的な流れは確実なものとされ，秘密主義的な監修と企業への忠誠により，企業と顧客，サプライヤー，そして競争相手の関係は管理されていた．

シリコンバレーのような地域ネットワークの上に構築された産業システムの方が，実験や学習が個別企業のなかに閉ざされている産業システムより柔軟で技術的にダイナミックであることを示しており，企業間ネットワークが提供する水平調整の方が，絶え間ないイノベーションに必要な集中力と柔軟性を維持することができる．一方，ルート128地区の離散的で自己充足的な組織構造は，技術変化プロセスを企業のなかで孤立させてしまい変化への適応を阻害してしまうことになる（Saxenian, 1994=1995）．

イノベーションの要因には，地域的なネットワークをベースとした産業システムと社会的ネットワークの構築，水平的なコミュニケーションが影響している．

地域産業ネットワークをめぐる理論的な展開は，大きく四つに要約され，第1に，地理的な近接性で成り立つ地域産業ネットワークの競争優位性である．地域産業ネットワークの創出・育成のためには，ネットワーク全体を管理・運営するネットワーク・コーディネート組織の存在が必要とされる．第2は，地域社会のグローバル化であり，地域産業全体に関わるマーケティング機能のグローバル化・調達の国際化など地域社会全体の高度化への産業構造の転換，地域産業自身の転換である．第3は，官主導から脱却し，主軸は産学の連携であり，それを取り囲むようにNPOや関連産業，公的機関などの有機的なネットワークが醸成されるボトムアップ型の自己組織的なネットワークの管理・運営．第4に，柔軟な専門化モデルのサービス産業への適応であり，個々の産業という領域にとらわれず，地域全体を一つの産業システムとしてとらえることが重要な視点と考えられている（田中，2004，pp.127-128）．

動態的内発発展論に関する諸理論では，イノベーション，学習，知識創造といった産業集積が着目され，その中でイノベーションは地域的なインフラ環境が重要であるとされている．また，地域的なネットワークをベースとした産業システムと社会的ネットワークの構築，水平的なコミュニケーションでのネットワーク・コーディネート組織の存在，官主導から脱却したボトムアップ型のネットワークが重要とされている．

4 中間支援組織の役割

中村は，地域の制度的環境を経済発展の促進につながるものへと作り変えていくには，媒介項としての中間支援組織あるいは制度たる地域（地域社会・地域文化・地域政治・地域経済）を設置し，諸アクターの関係性の蓄積が形成する地域のあり方，地域の制度的構造のあり方がいかに重要な役割をはたしているか，どのような制度的設計あるいは制度的仕掛け，政策的対応が有効であるかを検討する地域政治経済学的アプローチが重要であるとしている（中村，2012，p.2）．

ここでは，企業における連携とその効果，中間支援組織の役割について概観する．

（1） 日本における中間支援組織と役割

　中間支援組織は，いろいろな捉え方があり，必ずしも明確に規定された定義はなく，役割・機能としては，資源の仲介，NPO間のネットワーク促進，価値創出などがあげられる（内閣府，2002）．

　中間支援組織は，様々な領域・分野の情報を包括的に保持し，多様な団体・組織とのネットワークを形成し，団体・組織それぞれのニーズに合致する他団体・組織とのマッチングを図り，複雑・多様化する課題解決に努める橋渡し的な役割を担っている（渡未，2015，pp.115-118）．広義の意味では「各種サービスの需要と供給をコーディネートする組織」とされている（内閣府，2002）．

　多くの地域産業集積において，中間支援組織は産業転換の要となるイノベーションを促進する主体となっている．中間支援組織が企業家や支援組織の間の情報交換を促進し，相互の協力をもたらす．しかしながら企業組織のような権限にもとづく指揮命令系統の基盤もなしにいかに秩序が生まれるのか．協力関係の裏側には，当事者の相反する利害の調整という深刻な問題が存在し，いかに協力関係を確保するのか権限という背景もなしに，いかにガバナンスをするのかという問題がある（中小企業基盤整備機構，2014，pp.3-7）．

　中間支援組織の役割，機能として，多様な団体・組織の情報共有を行い，多くの地域産業集積においては，産業転換の要となるイノベーションの役割を担うが，企業組織のような権限を持たないことから協力関係を確保するためには，秩序の構築という課題がある．

（2） 欧米における中間支援組織と役割

　民間非営利セクターが最も発達している米国では，日本の中間支援組織に近いものとして，インターミディアリー（Intermediary），マネジメント支援組織（Management Support Organization，以下「MSO」），インフラストラクチャー組織（Infrastructure Organization）などがある．

　インターミディアリーは仲介者の意であり，主に助成財団を指し，事業を直接おこなう団体に対して資金を提供することで，それぞれのミッションの実現をめざす．

　MSOは，非営利組織に対して，マネジメント上の相談，コンサルティング，

人材派遣，教育・研修をおこなう団体であり，スタートアップの時期の経営的基盤の脆弱さをカバーするために，資金調達，法務，マーケティング，組織マネジメントなどに関するサポートや資金ニーズへの対応から資金に関する情報提供などをおこなう．

　一方，インフラストラクチャー組織は，非営利組織のインフラストラクチャー（法律などを中心とした制度）の整備をめざして，情報提供したり，ネットワーク化を進めたり，政策提言を行ったりする団体である（吉田，2004，pp.104-112）．

　日本の中間支援組織の名称は，インターミディアリーがもとになっているが，現状の中間支援組織の資源媒介機能はそれほど強いとはいえず，実際の活動内容は，MSO，インフラストラクチャー組織に近い．

　中間支援組織の役割としては，中間支援組織である商工会議所やサイエンスパークなどの地域に根ざした機関によって，地域における企業間のネットワークが実現・支援され，地域内に知識を伝達し，生産，開発，イノベーション・ネットワークと相互作用を構築し，地域の成功要因に影響を与え，技術移転だけではなく地域の構造にも影響を与える．また，地域に立地する企業を支援し，起業家にとって地域を魅力的にし，アンカーテナント（核となる企業）を地域に誘致することも重要な役割とされる（Smedlund, 2006, pp.208-211）．

　イノベーション・ネットワークは，企業，団体，金融機関など多くの種類のアクターからなる複雑なネットワークであり，異なるアクターやリソースを結集してネットワークの価値を高め，新しい知識を創造し，製品，生産方法，生産プロセスの継続的な改善など地域に恩恵をもたらす．様々な知識，能力，創造性の組み合わせによって新しいイノベーションが生み出される．中間支援組織が周辺地域に与える効果は，技術移転だけではなく，より広範囲におよび地域の成功のためには，構造やダイナミクスの構築も中間支援組織の重要な役割である（Smedlund, 2006, pp.208-211）．

　イノベーションを導く中間支援組織は，単発的な仲介サービスを顧客に提供するだけでなく，より長期的な関係性によってイノベーションにつながる情報を顧客に提供する．中間支援組織は，単発的な仲介サービスを顧客に提供するだけではなく，長期的な協力関係によってイノベーションにつながる情報を顧客に提供する．このような協力関係は，数か月ではなく，数年におよぶことも

あり，中間支援組織にとっては顧客をよりよく知ることとなり，より有利で付
加価値の高い契約を獲得する機会にもなる（Howells, 2006, p.724）．

（3）動態的内発的発展論と中間支援組織

　中間支援組織は，動態的内発的発展論における制度的仕掛けの重要な要素の
一つであるとされている．
　欧米における中間支援組織においては，資金提供をおこなうインターミディ
アリー，スタートアップ支援等をおこなうMSO，情報提供やネットワーク化
を進めるインフラストラクチャー組織などに分かれる．
　また，母体となるのが商工会議所やサイエンスパークなど地域に根ざした機
関によって，知識の伝達等からイノベーション・ネットワークにつなげること
を想定している．これらの協力関係は数年におよぶことでお互いのメリットに
つなげ，付加価値を生み出すことを想定している．
　動態的内発的発展論が地域経済において，地元企業と外部企業との産業連関
を図り，イノベーションの創出につなげることを目的としており，その連関を
導き出す役割としての中間支援組織ということであれば，イノベーション・ネッ
トワークにつなげることを前提としているインフラストラクチャー組織の役割
に近いといえる．
　加えて，中間支援組織の役割として，地元企業を支援し，さらに地域の魅力
を引き出すために，アンカーテナント（核となる企業）を地域に誘致することも
重要な役割であるとされており，地元企業との域内産業連関につながるような
外部企業の獲得も重要とされている．また，地域産業ネットワークの確立には，
構成主体をコーディネートしていく組織が求められ，これらの組織は，ソフト
重視の資源提供をおこなうことが必要であり，そのためには，行政だけではな
く地域を構成する主体が一体となったネットワーク組織が必要でありコーディ
ネート機能が重要となるとされている（田中，2004，pp.82-86）．

（4）中間支援組織と組織文化

　中間支援組織の課題として，地域は企業組織のような権限を持たないことか
ら協力関係を確保するためには，秩序の構築というガバナンスの課題がある．

中間支援組織が機能するためには，企業組織ではないが秩序の構築につなげるような地域の組織文化のようなガバナンスが重要となることから，ここでは組織文化について概観する．

組織文化は，組織および組織の構成員が考え方，価値観，行動様式等を共有し，積年にわたり醸成してきた無形の環境の総体とされる．また，組織風土は，組織およびその構成員の考え方，価値観，行動様式等が自然発生的に定着し，慣習化した暗黙のルールや習慣であり，組織内で無意識に伝承されてきた無形の環境の総体であるとされる（渡部，2020，pp.55-57）．

風土は一般的に，地域における環境であり，自然環境や文化への影響を及ぼす精神的環境の有り様の総体をいう．一方，文化は，地域社会における構成員が共有している価値観や行動様式であり，知識，習慣，技術などが複合的に混ざり合い構成され，風土に根ざした環境のありさまの総体であり，風土を基盤として文化が成り立つ（渡部，2020，pp.55-57）．

組織風土と組織文化が一体的に関連しており，それらが影響を与えているのはあきらかであるが，組織内でのパラメーター（媒介変数）をつくるのは組織文化である（McLean, 2005, pp.226-246）．

また，組織文化と組織の創造性とイノベーションの関係については，創造性は新しいアイデアをもたらし，イノベーションは，これらのアイデアをビジネスの成功に変えることであり，組織文化は組織の創造性とイノベーションの両方に影響を与える最も重要な要素である（Ali Taha, 2016, pp.7-15）．

組織文化が価値観，行動様式の共有など秩序の構築や組織の創造性とイノベーションの創出に影響を与える要素となっている．

ここまで検討してきたことから，動態的内発的発展論，中間支援組織論にもとづく事例分析において組織文化の視点を加えることが有益であることが示唆される．

第4節　南欧における内発的発展論

日本の内発的発展論が議論されているのと時期を同じくして，欧州とくに南欧においても内発的発展の研究が行われている．日本が失われた30年という経

済の低迷状況にある中，欧州は，経済面において米国・日本に遅れをとっていたことから共同体による経済基盤を固めるという課題があった．これらがどのような役割を果たしてきたかについて外観した上で，南欧においての内発的発展の展開について考察する．

1 欧州における地域開発政策

EU内の地域開発政策の基本には，各国の地域政策とEUの構造・結束政策があり，域内地域間の経済的社会的な不均衡の是正を目的とし，社会的・経済的に開発が遅れた地域や国に重点的に支援が行われた（Jetro, 2004）．

地域政策の本格的な始動となった構造基金による資金援助の多くは南欧に充てられ，南欧諸国への直接投資流入は1990年代後半に大幅増加している．

都市部およびその周辺部では地域開発支援に助けられた社会インフラおよび人的資本の整備は国内外からの資本を動員することで富の集中をもたらしたが，後進地域には比較的多くの公的資金が振り向けられていながら，必ずしも投資の魅力あるインセンティブとならず雇用効果に結び付かないケースがある（松浦，2003，pp.58-59）．

欧州の多くの中間地域では，先進地域での雇用の減少と比較して産業雇用の改善がみられ，大企業の危機と中小企業の新しい役割とが現れている．これらの中間地域は，先進地域とは異なり，中小企業と起業家が重要な役割を果たしており，小規模企業と小さな町が共存するという社会構造が形成されている（Garofoli, 1992, p. 4 ）．

これまでの大企業による開発政策の大部分が長年にわたる政府の介入であったが，地域にわたる生産活動への機能主義モデルがこれまで以上に複雑な再分配が説明できなくなり，周辺地域で多くの自律的な発達形式が出現している（Garofoli, 1992, p. 4 ）．

とくに南欧では，地域開発の新しいパターン，地方で成長する中小企業のクラスターの存在と農村地域における最近の工業化の現象だけでなく，変革と継続的なイノベーションにより，地方レベルで実施された開発政策に関する研究が行われている（Garofoli, 1992, p. 4 ）．

2　南欧における内発的発展論

（1）内発的発展論の背景

　欧州においても，1980年代から内発的発展論の研究が行われているが，地域開発の主要な学者としてスペインの国全体の研究プログラムのコーディネーターとして様々な分野の研究をしているアントニオ・バスケス・バスケロ，（Antonio Vázquez-Barquero）をはじめとした研究者たちが，南欧各国において研究を行っており，ここではバスケス・バスケロの内発的発展論を取り上げる．

　内発的発展論は，1960〜70年代の地域開発への不満に対するものであり，開発の概念，開発プロセスのメカニズムなどボトムアップの提案であり，1980年代の初めに，理論的アプローチと経験的なアプローチという両面からの研究が行われている．

　内発的発展論は，これまでの大都市における大規模な工業化とは異なり，地域が開発プロセスへ積極的に参加することにより，地域のニーズと要求の満足を追求し，国際的・国内的分業における地域の生産システムの向上や農業，産業，サービスの生産的側面の改善だけでなく，地域社会全体の経済的，社会的，文化的な側面を促進し，社会の福祉に影響を与えて，企業と地域が相互作用して経済と社会を発展させる可能性を持つとされている（Vázquez-Barquero, 2002, p.22）．

　内発的発展論の主体については，外部の企業の受け入れを想定しており，その地域の要因と外部の要因を組み合わせることは一般的であり，他の地域の大企業や産業グループが追求する目標がその地域の目標とが一致する場合を前提とし，地域で起こる構造の変化に対する制御する能力を持っていることに留意しなければならない．

　また，企業活動の業務の流れなどはグローバルバリューチェーンと地域戦略のなかで進められ，グローバルクラスター内での製品と知識の交換を前提としている（*Ibid.*, p.35）．

（2）バスケス・バスケロによる内発的発展論の研究

　バスケス・バスケロの内発的発展論は，外部企業を主体のなかに入れながら地域には地域固有の特質があること，そして地域が一定の組織能力を持つ場合

には，外来型開発を批判するのではなく，外部企業と投資によって地域開発プロセスを強化する可能性があるとしている（Vázquez-Barquero, 2002, p.23）．

　外部企業にとっては，その地域に位置する企業が競争上の優位性を享受できることを望んでいるという点で，地域戦略と同じ目的をもっており，利益の確保は，大企業と地域の両方の競争力の向上に貢献し，都市や地域が大企業や大企業のパートナーになり，企業戦略と地域戦略が合致し内発的発展のプロセスは独自の力学を獲得する（Vázquez-Barquero, 2002, p.28）．

　開発主導の管理と実施は，起業化組織，組合，教育研究センター，地域行政機関の代表者が含まれる中間支援組織をつうじて最も効果的に実施されると考えられている．そのため，中間支援組織は内発的な開発プロセスを促進するために依然として不可欠であり，その効果は，変化が徐々に起こる制度環境によって条件づけられ，グローバリゼーションには，その機能の一部を内発化するために，その地域に根ざした外部企業のより大きな存在が必要である．従来の政策では，戦略的開発主体が中央管理であり，地域開発は地域社会であったが，新世代の政策では外部企業も考慮に入れなければならない（Vázquez-Barquero, 2002, p.179）．

　その地域に根ざした外部企業の機能を内発化することに意義があり，これからの開発政策には外部企業も考慮に入れ，都市と地域が，競争上の優位性を高めるための手段として，外部資源を活用し内発的発展の可能性を刺激し，内発的発展および外来型開発の相乗作用をつうじてグローバリゼーションの課題に効果的に対応することができる（Vázquez-Barquero, 2002, p.188）．

　バスケス・バスケロは，生産システムの組織化に着目しており，企業の大きさにかかわらず産業ネットワークの構築による企業間の相互交流によって，これらが経済成長を生み出す地域交流システムとして機能し，技術的な知識や行動規範が共有されることにより，それぞれの規模の経済を生み出すことが可能になるとしている（Vázquez-Barquero, 2006, p.758）．

　また，企業や企業グループにネットワーク内の企業，人的資源，経済活動などに相互関係を築くような柔軟な形態の組織を採用することで，効率的で競争力のある新しい地域戦略を実現することが可能となり，分工場も含めたネットワークを構築することで地域内の自律性と統合性が高まり，地域内の属性を効

率的に利用することから市場内での競争上の優位性を獲得できる．加えて，多国籍企業は，先進的な地域や都市の知識集約型クラスターの主要なパートナーとしての可能性もあり，生産システムだけではなく，研究開発においても規模の経済を生み出すことが可能である（Vázquez-Barquero, 2006, p.758）．

イノベーションの導入は，企業の製品拡大をはじめとした内部経済の強化や新製品開発や市場の拡大に向けた戦略の構築などが可能であり，これらの知識を普及することにより，クラスターや生産システム内のすべての企業に対して，内部・外部の経済を促進し，地域経済の生産性と競争力が高まる．加えて，地域主体がネットワークを構築することで，これらの生産システムと知識を取得・学習し，イニシアチブの合意を形成し，地域開発戦略のアクションを実行することが可能であり，イノベーションを導入し知識が企業や地域に分散することで，生産性が高まり生産量が増加し，効率性から生産コストが削減され，規模の経済が改善され地域経済が成長する（Vázquez-Barquero, 2002, p.8）．

ネットワークが複雑かつ柔軟である場合には，イノベーションと知識の普及，生産の柔軟な編成，取引コストの削減と関係者間の信頼が促進され，地域経済が成長し生産システムのパフォーマンスが向上する（Vázquez-Barquero, 2002, pp.15-16）．

（3）従来の地域開発政策と内発的発展政策の比較

バスケス・バスケロは，1960～70年代の従来の地域開発政策と内発的発展政策を比較し，戦略の概念化，追求する目標，政策ツールの機能，管理のメカニズムに違いがみられるとしている．

従来の地域開発政策は，不均等発展のモデルにもとづく供給サイドの視点に立ち，企業が支援対象地域に立地することを奨励することによって，経済活動，雇用，所得の空間的再配分を促進することを目的とした．新しいアプローチは，経済成長は必ずしも大都市に一極集中する必要はないとの考えにもとづいており，多核的な地域でも，地域に存在する資源を効率的に利用すれば外資を呼び込む要因も含み経済発展は可能である（Vázquez-Barquero, 2010, pp.73-75）．

また，従来は，機能的なアプローチがとられ，地域の発展は，生産要素の移動の結果として理解され，所得と雇用の分配を促進し，豊かな地域と貧しい地

域の間の収束を保証するものであった．一方，内発的発展政策は，地域的なアプローチに従い，地域の経済史，地域環境の技術的・制度的特性，地域資源が成長プロセスを規定し，地域的な要因は地域の発展にとって戦略的なものであり，その変化のプロセスは，投資や立地に関する意思決定プロセスへの参加をつうじて地域を変える能力を持つ地域主体によってコントロールされるべきものである（Vázquez-Barquero, 2010, pp.73-75）．

　新しい地域創生戦略の課題は，非常に競争が激しく，激動する環境のなかで，地域の自律的な発展プロセスを確立することであり短期的な成果を得ることよりも，長期的な成長の道筋を見極め，それに沿って行動することが目標となる．企業の出現と発展を後押しし，生産システムの柔軟性を高めるために，経済と社会におけるイノベーションと知識の普及を強化・促進し，地域の都市開発を促進し，制度的枠組みを企業の出現と発展に有利なシステムへと変化させることが重要となる（Vázquez-Barquero, 2010, pp.73-75）．

　加えて，従来は，投資と経済成長の間に直接的な関係があると考えられていたが，重要な産業プロジェクトへの投資は，地域開発の成功の前提条件とはならず，むしろ開発の成功とは，適切な規模のプロジェクトを設計・実施し，生産構造にイノベーションを導入によって生産システムの漸進的な変革を推進し，持続的な成長に有利な制度的・空間的条件を作り出すことである（Vázquez-Barquero, 2010, pp.73-75）．

　地域開発戦略の組織と実施という点で，両者の政策には重要な違いがある．供給側政策の実施は，中央政府が条件を満たした企業や活動に対して直接資金援助をおこなうことで行われてきたが，内発的発展政策は，技術研究所，ビジネス・イノベーションセンター，研修機関，開発機関など，実際のサービスを提供する中間支援組織をつうじて，分権的に実施されるようになった．この新しい政策は，自律的な成長アプローチを採用し，企業が競争力を高めるために必要なサービスを地域や生産システムに与えることに重点を置き，企業に直接資金を提供することは重点としていない（Vázquez-Barquero, 2010, pp.73-75）．

　内発的発展政策はボトムアップの政策であり，その定義と管理は地域主体のコントロール下にあり，より先進的な経済では，地域主体はネットワークで組織され，生産システムや制度の力学のなかで知識や学習の普及を刺激し，イニ

シアチブに同意して政策行動を実施するためのツールとして機能しており，これらが一体となって開発戦略を構成している（Vázquez-Barquero, 2010, pp.73-75）（表2-1）．

（4）バスケス・バスケロの南欧都市の内発的発展事例

バスケス・バスケロは，外部企業の受け入れなどの事例を取り上げている．

ガリシア州のビーゴは，漁業，造船業，缶詰業を専門とする産業が密集した中規模の工業都市であるが，近年，自動車産業，化学製品および製薬産業など外部の企業が進出し発展し，ガリシア州南部とポルトガル北部から顧客を引き付けるユーロ地域内の商業地でもある．ビーゴにおける自動車などを中心に国際貿易は際立っており，ビーゴ市の所管であるポンテベトフ県が，ユーロ圏で最大の輸出能力を持つ地域となっている．

フランスの自動車メーカーであるシトロエンをはじめビーゴを本拠地とする漁業会社ペスカノバへの外国企業の参入や地元の伝統的な企業も生産活動を国際化する傾向が高まるなどビーゴの地域経済は，外発的成長の地域経済のなかで，外部企業の受け入れや世界市場を前提とした企業への転換などが行われている．ビーゴ大学や医療サービスの公共サービスは改善してきているものの，

表2-1：従来の地域開発政策と内発的発展政策の比較

項　目	従来の地域開発政策	内発的発展政策
戦略の概念	・機能的な視点 ・二極化発展	・地域視点 ・多極発展
追求する目標	・量的成長 ・大型プロジェクト	・イノベーションの普及 ・制度的な変化 ・数多くのプロジェクト
機能メカニズム	・資本と労働の移動 ・所得の機能的再分配	・内発的な潜在能力の活用 ・地域資源の開発への活用
政策ツールの管理	・一元管理 ・企業への公的融資 ・資源の公的管理 ・行政の階層化 ・行政の調整	・地域開発マネジメント ・企業へのサービス提供 ・中間支援組織を通じた行政 ・地域の主体の連携 ・地域主体間の戦略的な調整

出所：Vázquez-Barquero（2010）より筆者作成．

所得としては，スペインの平均所得よりも低く，失業率が依然として高く十分な経済とは言えない（Vázquez-Barquero, 2006, pp.758-769）．

　周辺都市であるにもかかわらず中規模の工業都市であるビーゴは，外発的発展の地域経済のもとで，外部企業の受け入れや世界市場を前提とした企業への転換が行われていることや伝統産業により優秀な人材の蓄積が生産システムに優位になっていること，異業種交流というイノベーションの媒介機能により組織的能力，生産性の向上や競争力につなげられている．

　その一方で，都市開発が都市計画以前の産業投資等を優先した無秩序な開発や制度システムの不備がビーゴの地域開発の課題である．EUにおける地域経済と社会の統合を促進する新しい流れがあるにもかかわらず，スペインの古い時代の産業発展に伴う制度システムが取り残されたままになっており，これらの制度変更の遅れが，イノベーションの普及に関する制限をかけていると指摘している（Vázquez-Barquero, 2006, pp.758-769）．

3　バスケス・バスケロの内発的発展論

　バスケス・バスケロの内発的発展論は，欧州の統合という課題のなかで，地域経済が外発的成長をしてきたことを踏まえた研究が行われている．

　これにはグローバル経済競争のなかで地域製造業が衰退するなかで1970〜80年代にかけて，局所的な産業の競争優位性が着目されていた産業集積/クラスター論が議論されていた時代から，さらに1990年代以降の知識とそれを基礎とするイノベーションが，企業/産業の競争力の強化となり，地域の成長や競争力のメカニズムが，生産ネットワークから「知識の流れ」へと移行していることが研究の背景にある．

　バスケス・バスケロの内発的発展論の特徴として，外部企業を主体のなかに入れているが，地域に制御能力があれば，外来型開発を批判するのではなく，むしろ外部企業と投資によって地域開発プロセスを強化するという可能性をみており，その地域に根ざした外部企業の機能を内発化することに意義があり，外部企業をローカライズしていくことにある．そうすることで，地域が競争上の優位性を高めることにより内発的発展の可能性を刺激し，内発的発展および外来的開発の相乗作用をつうじてグローバリゼーションの課題に効果的に対応

することができるとしている.

　また，生産システムの組織化，産業ネットワークの構築による企業間の相互交流，企業や企業グループ，ネットワーク内の企業，パートナー企業などとの人的資源，経済活動などに相互関係を築くような柔軟な形態の組織の採用，ネットワークの構築が地域内の自律性と統合性が高まり，生産システムだけではなく，研究開発においても規模の経済を生み出すことも可能としている.

　新しい地域創生戦略の課題として，競争激化や環境変化のなかにおいて，地域の自律的な発展プロセスを確立することを重要視しており，短期的な成果ではなく，長期的な成長の道筋を見極めること，企業の出現と発展を後押しし，生産システムの柔軟性を高めるために，経済と社会におけるイノベーションと知識の普及を強化・促進し，地域の都市開発を促進し，制度的枠組みを企業の出現と発展に有利なシステムへと変化させ，中央政府ではない地域の制度システムを変えてイノベーションを起こすことが重要だとしている.

　バスケス・バスケロの理論では，外部企業と投資によって地域開発プロセスを強化するという可能性をみており，その地域に根ざした外部企業の機能を内発化することに意義があり，外部企業をローカライズすることや生産システムを中心とした，幅広いネットワークである地域交流システムに着目している.これらにより，ネットワークと知識が企業，地域に分散され，地域経済の成長の可能性に着目している.

　また，中間支援組織については，内発的な開発プロセスを促進するために不可欠であり，その効果は，制度環境によって条件づけられ，その地域に根ざした外部企業が必要であるとし，実際のサービスを提供する中間支援組織をつうじて分権的な役割や企業が競争力を高めるために必要なサービスを地域や生産システムに与えることの役割にも着目している.

　欧米において研究されているバスケス・バスケロの理論が，外部企業と投資によって地域開発プロセスを強化するという可能性をみており，その地域に根ざした外部企業の機能を内発化することに意義があり，外部企業をローカライズすることや生産システムを中心とした，幅広いネットワークである地域交流システムに着目しているという点で基本的には動態的内発的発展論との共通性が高い.

第5節　動態的内発的発展論をもとにした事例分析

　先にみたように，地域経済を分析するにあたっては，地元企業と外部企業との産業連関に着目した，動態的内発的発展モデルが事例分析をおこなうには有用である．

　しかしながら，オウルの事例やバスケス・バスケロの理論においても地元企業と外部企業との連関を図る中間支援組織が重要視されているが，動態的内発的発展論の理論には，域外産業連関につなげていくことが重要な要素であるとしつつも，域外産業連関につなげるための制度的な仕掛けとなる中間支援組織の役割についての理論的位置付けや実証分析が十分ではなく，中間支援組織がどのような役割機能を果たしているのかが重要な視点となる．

　また，中間支援組織は，イノベーションを導く役割を持つとされており，具体的にどのようにしてイノベーションが創出されているのかが重要な要素となるため，中間支援組織が域内に誘致された外部企業と地元企業との連携を図ることでイノベーションが創出されているかが次のポイントとなる．

　さらに，中間支援組織は，工業団地等において企業組織のような権限を持たないことから，中間支援組織が機能するための，秩序の構築につなげるような地域の組織文化のようなガバナンスが重要となり，これらが重要なポイントとなる．

　日本における工業団地やサイエンスパークにおける従来の研究では，中間支援組織論の視点に着目したものは乏しく，また，域内産業連関を図るための仕組みとしての中間支援組織に着目して，地域経済を検証している研究は見受けられない．

　全国の工業団地が業績悪化する中で，長田野工業団地内企業の業績は伸びており，また，テクノポリスや産業クラスター政策に成果がみられない一方で，京都リサーチパークは，民間主導によるサイエンスパークの典型事例とされているが，長田野工業団地については，外来型開発論から内発的発展につながるようなプロセスの分析ができておらず，京都リサーチパークについても地域経済の視点からの研究は行われていない．

そのため，動態的内発的発展論をもとに二つの事例を分析し，実態として中間支援組織が機能し，地元企業と外部企業による新たな連携をつうじてイノベーションが創出され，域外産業連関が起こっていることをあきらかにする．

注

1）　内発的発展を図ってきた地域において，実際には加工品など外需（域外需要）に向けて取り組まれている．ただし，地域内の資源による制約がある．

2）　中村は，先行研究を踏まえ，法や判例にもとづくフォーマルなルールだけでなく，慣習その他のインフォーマルな社会的ルールを含め，社会の人々が互いの行動や意思決定に際して共有する社会規範の総体であり，相互作用する人々の間で，考え方や意思決定，行動における一定のパターンあるいは傾向の予測を可能にするものを新しい制度と定義している．中村（2012），p.3.

3）　遠藤は，伝統的制度にロックインしている衰退地域は衰退し続けてしまうため既存制度を破壊する「制度転換による経路切断」しか打開策はないとの通説に対して，地域レベルの制度的な仕掛けによる「制度拡張による経路修正」という新しい地域政策の可能性があきらかになったと評価している．遠藤（2014），p.29.

4）　Sloth 2011=2016, pp.102-105. 板谷は，要素同士を結合させれば必ずイノベーションが生成されるわけではなく，イノベーションは偶然の側面を有する創発と言える．創発は，事柄や現象が分解できる要素から成り立っており，個々の要素から関連する所与の条件からは予測できない静的な性質，動的な秩序やパターンがあらわれると定義している．板谷（2021），pp.10-11.

5）　ここでいう補助的（派生的）職業とは，主要な産業に対して補助的役割を果たす仕事という程度のものではなく，問題となる製品の生産のために分業する一連の工程のいずれかに特化する仕事を意味する．山本（2005），pp.67-70.

6）　生産システム，集団，表象，産業文化といった広範な関係性を含む包括的な概念であるが，その基盤は地理的近接性と社会文化的な近接性にある．立見（2007），p.45.

7）　ここでは中間支援組織を，ネットワーキング/協働，資源の仲介（人・物品・資金・情報），相談・支援，政策提言などの機能を有し，組織間での様々な活動を支援する組織と定義する．松井（2015），pp.69-94.

第3章

企業誘致と動態的内発的発展論

——京都府長田野工業団地を事例として——

　第1章でみたように戦後日本の地域開発は，国，自治体が公共投資による企業誘致に関する基盤整備を行い，大規模企業の工場群の誘致により，地元雇用や税収の増加等を期待し，住民福祉の向上につなげることを目的として地域開発政策が行われた．しかしながら，現実には誘致した地域に利益が還元されることなく，本社のある東京や大都市に利益が吸い上げられ，公害や環境破壊を招くことになり，誘致による地域開発には限界があり，地域経済の発展につながっていないとの批判をうけてきた．

　2024年現在，長田野工業団地は京都府総合開発計画のもと造成事業完工（1974年）後約50年になる．1960年代に建設された全国の工業団地の大半が生き残れない，あるいは業績悪化に陥る中で，長田野工業団地は団地内企業の業績も右肩上がりの傾向にあり全国的にもまれなケースであると評価されている（陳，2017，p.70）．

　国の主導による地域開発が事実上失敗に終わる中で，京都府は拠点開発政策ではなく京都府独自の根幹的事業方式をとった．その事業のなかでも京都府北部の地域振興を目的に設置された長田野工業団地については，外来型開発論から内発的発展につながるようなプロセスの分析ができていない．

　本章では，基本となる政策とその展開，中間支援組織の役割と機能，動態的内発的発展論を手掛かりとして，中間支援組織が機能することにより地元企業と外部企業との域内産業連関につながること，中間支援組織による地元企業と外部企業との連携の促進からイノベーションが創出され域外産業連関がうまれていること，中間支援組織による地区内の組織文化が醸成されていることを分析項目としあきらかにする．

第1節　全国総合開発計画と京都府総合開発計画

1　拠点開発方式と根幹的事業方式

　戦後日本の地域開発は，1950年に国土総合開発法が施行され，1962年から5次にわたる国土総合開発計画として「全国総合開発計画」を策定し，これらの計画にもとづく国土開発が行われた．第一次全国総合開発計画では，沿岸部にコンビナート誘致する拠点開発方式が取られ，その後，インフラ整備を前提とした内陸部での新産業都市整備が行われ，大規模企業を誘致による，地元雇用，地域資源の活用，税収の増加などを期待した．

　しかしながら，誘致された外部企業の本社のある東京や大都市に利益還元が行われ，地域の振興につながらず，公害や環境破壊を招いた（宮本，1977：，pp.18-21．宮本，1989：，pp.273-303．中村，1990；鈴木，2001，pp.1-64）．

　京都府においては，第1に，農林漁業部門の他部門との格差拡大，第2に，中小企業の比重が高く，全国比で成長が相対的に低くとどまること，第3に，中北部の工業，産業の発展がみられない，第4に，南部一帯の新規立地企業，既存中小企業，農業等が相互に障害を与えるという京都府全般の課題が認識されていた．その上で，自然的，社会的諸資源を総合的に利用し，これらの諸問題の解決を図りつつ，京都府の有する潜在的発展性を最高度に発揮させ，住民の所得と生活の普遍的な向上を期すること，近畿圏の秩序ある発展と国民経済の均衡ある成長に寄与することを目的として第1期の京都府総合開発計画が1964年に策定された（京都府，1964）．

　京都府総合開発計画の特徴は，国が拠点開発構想にもとづき「太平洋ベルト地帯」を中心に開発拠点を配置し，連鎖的に農林漁業にも好影響を与えながら，地域間の均衡ある発展を実現することを目指したのに対し，国の拠点開発方式ではない，京都府の南北を開発する「タテの開発」と日本海側の発展を意識した「日本海ベルト地帯」を構想し，京都府域を七つの地区に分けてそれぞれ根幹となる事業を展開する根幹的事業方式をとったところにある（京都府，1964）．

　京都府総合開発計画は，高度経済成長期に多くの道県が全国総合開発計画における拠点開発を指向するなかで，京都府はこれにくみせず独自の発展の道を

模索した（入谷，2018，p.232）．京都府は，地域性に即しない工業の導入は工業
の国際競争力を高めるものでなく，地域産業，地域住民に及ぼす効果は少ない
と拠点開発方式を批判し，全国的な状況を踏まえ，京都府の南北に縦長い地形，
地域によって自然的，経済的諸条件が著しく多様性を持つことを踏まえ，画一
的な基準での産業振興をめざすのではなく，地域の諸条件に適合した方向にお
いて，地域住民の労働力，土地，水等の諸資源の最も効率的な産業上の施策を
実施する根幹的事業方式を採用した．これにより，府内での諸産業の産業連関
の形成と産業間のバランスが創造・維持された．人口，就業者，事業所と従事
者，出荷額，財政が北部地域，中部地域，南部地域の間で若干の格差は産まれ
たが最小限にとどまる地域構造を創出し，府内の均衡発展をもたらしていると
の評価がある（入谷，2018，p.74）．

　一方，拠点開発を採用した大分県は，在来型産業振興から重化学工業化を推
進する地域政策に転換したことにより，これまでの内発的振興策から外来型開
発となり，重化学工業群の立地による重化学工業コンビナートの動向に左右さ
れる地域経済に変貌した（入谷，2018，pp.195-177）．重化学工業コンビナートは
原料を輸入に頼り，製品を移輸出することから海外や県外での広域的な産業連
関を形成するものの，県内での産業連関は形成されず，拠点開発方式をとった
ために，大分市への一極集中が進む反面，県内各地における過疎化が進行する
など地域構造の二極化が鮮明になり県内の不均等発展をもたらした（入谷，
2018，pp.216-226）．

　京都府は，全国総合開発計画の拠点開発方式による既成大工業地帯における
課題に鑑み，京都府全体の持つ，農林漁業部門の他部門との格差拡大などを踏
まえ，住民福祉の普遍的な向上を究極の目的とし，地域社会の住民の立場から
その環境の整備をおこなうこと，住民生活の基礎である産業の振興を軸とし，
住みやすい歪みのない社会の実現をめざし，拠点開発方式ではない根幹的事業
を展開した．

2　京都府の課題認識と長田野工業団地

　長田野工業団地に関連する京都府北部の課題認識としては，第1に，未開発
の資源を有する舞鶴，福知山，綾部等の北部諸都市の工業開発と舞鶴港の開発

第3章　企業誘致と動態的内発的発展論　*53*

を促進して，中丹地区を日本海沿岸地帯の開発拠点とし，北部一体の産業の発展と社会福祉の向上，第2に，阪神工業地帯からの工業の分散，近畿圏の貿易機能の増大，阪神諸都市への産業および人口の過度の集中傾向の緩和等をあげており，京都府総合開発計画に明記された（京都府，1964）．

　さらにこれらの工業開発だけではなく，第3に，工業開発，産業発展等の効果が十分には波及し難い地帯に対して，その地域性に即した産業構造の近代化を図るとともに，社会福祉の向上に努め第4に，施策として，物的施設のほかに，行財政制度，税制，国際貿易，農林漁業および中小企業，労働および雇用，教育，社会福祉等の施策ないし事業の総合的かつ長期的な方向づけが必要であること（道路，港湾等の施設整備だけでは経済の発展方向を決定することができない），第5に，諸施策の実施にあたっては，京都府の歴史的発展段階における自然的，社会的，経済的な諸条件に即応しつつ進めなければならないとした．

　その上で，産業の振興については，産業は地域住民の生計の基盤であり，産業の発展による利益が産業を担う労働者によって享受されるような政策上の配慮が常に必要で，産業振興施策の基本的な目的は，住民の生計の基盤を拡充し強固なものとすることに置かれた．

　また，工業化は，農林漁業の近代化の一つの契機となりうるが，有効に利用するためには，農林漁業部門における積極的な産業振興施策が必要とし，とくに，運輸，交通，通信等の諸施策の整備に伴って，経済圏が益々拡大しつつあるので，農林漁業でさえも封鎖的な地域産業の枠のなかでの存在意義は薄くなりつつあり，経済圏の拡大，工業化の進展等の利益を積極的に地域農林漁業に受け入れる努力が必要としている（京都府，1964）．

　これらを踏まえ，地域開発の方向としては，京阪神工業地帯の通勤圏外であり，地域のもつ諸資源の潜在的経済力を地域内において開花させる強力な施策を講じる必要があるが，一方で，「農業および漁業に地域発展の主導的な役割を期待できない」「第三次産業部門の発展は，生産部門を受け持つ産業の発展の程度および人口と所得の大きさによって規定される」と認識していたため，北部地域で優れた工業立地条件を持つ中丹地区の工業開発を推進して，その波及効果を周辺に及ぼし，地域全体の自律的な発展を図ることが最も重要な課題としていた（京都府，1964）．

中丹地区の工業立地の内部的諸条件として，第1に，地区内に相当量の近代工業の施設と技術が蓄積し，今後の工業開発の中核となりうること，第2に，地区内，後背地である奥丹，南丹の両地区および兵庫県，福井県の一部地域の豊富な労働力を持つこと，第3に，工場適地は，約1,000万平方メートル（131万平方メートルが国有地（旧陸軍演習場））および，臨海性工業と内陸性工業に適するものが共存し，近傍に由良川の豊富な水資源があること，第4に，舞鶴港を有し海上輸送に便利であり，道路網の整備により，阪神工業地帯と中丹地区の経済的，時間的距離が著しく短縮されるというのが計画の背景にあった（京都府，1964）．

京都府は，中北部の工業，産業の発展がみられないという課題に対する政策の一つとして，中丹地域の工業開発である長田野工業団地の整備を推進し，自然的，社会的諸資源を総合的に利用して，その波及効果を周辺に及ぼし，地域全体の自律的な発展を図ることが重要な課題であると捉えていた．

第2節　京都府政策と長田野工業団地

1　京都府総合開発計画における長田野工業団地

京都府の北部には，由良川流域の福知山盆地にひらける福知山市がある．この地は，1579年（天正7）年に織田信長の命で丹波を平定した明智光秀が福知山城を築城し城下町として栄え，明治末期までに大阪，京都へとそれぞれ鉄道が開通し商都として発展したが，戦後は工業，産業の発展がみられず衰退の一途を辿った[1]．

京都府は，京都府総合開発計画のもとに京都府北部の地域振興を目的に長田野工業団地を設置した．

2024年現在，長田野工業団地は，分工場の工業団地として設置後約50年になる．誘致した企業は本社のような管理開発機能を持たないが，行政を中心とした政策的プロセスが強く関与することにより，単なる誘致企業群ではなく，福知山市をはじめとした京都府北部の地域経済を構成する諸主体が連携して発展を促進する構造となり，地域経済の発展に影響を与えている．

2 長田野工業団地の現況

京都府は，長田野工業団地を総合開発計画のもとに計画策定から企業誘致，誘致された外部企業間の連携を促進する中間組織の設置，誘致後のフォローアップをはじめ，新たな産業拠点の形成と職住一体型生活圏の構築などを現行の総合計画に位置付け，政策を展開してきた．

また，福知山市をはじめ地元経済界においても京都府と連携し，長田野工業団地の誘致された外部企業と地元企業をはじめとした産業や地域をつなぐ政策を展開してきたところであり，これらを踏まえて長田野工業団地の現況を外観する．

（1）工業団地の概要

長田野工業団地は，内陸工業団地として，1974年3月に完成しており，総面積400ha（うち工業用地342ha（85.5%），住宅用地58.7ha（14.5%））であり，甲子園（3.85ha）約103箇分の広大な面積を有する．工業用地342haの内訳は，工業用地220.4ha（64.4%），公園・緑地62.3ha（18.2%），道路・水路50.7ha（14.8%），その他となっており，公園・緑地部分が2割近くを占める．住宅用地58.7haの内訳は，住宅地27.9ha（47.5%），道路・水路11.0ha（18.7%），公園・緑地9.0ha（15.3%）となっており，住宅用地においても公園・緑地部分が多く，長田野工業団地全体として，公園・緑地が確保され快適な生活環境が保たれている．

また，公害防止と環境保全にも配慮しており，大気汚染防止，水質汚染防止，緑地保全，環境保全など福知山市と企業との環境保全協定が締結されている．長田野工業団地内の施設として，利便施設，企業交流施設としての福知山市企業交流プラザ，ナイター設備のある野球場やテニスコートが併設された福知山市の長田野体育館（アリーナ面積1,184㎡）などが設置され，企業はもとより市民交流の場が確保されている．

（2）立地企業の概要

2020年の長田野工業団地全体企業数は41社であり，本社は，大阪府17社（41%），兵庫県3社（7.3%），京都府14社（34%）（うち福知山8社（20%）），関東7社（17%）となっている．なお，福知山8社のうち4社は京阪神から工場全面

移転に伴い本社機能も移転しており，操業企業（40社）の状況全体としては，製造業39社，利便施設1社（貨物輸送協同組合）である．

業種については，化学工業，金属製品，電気機械，非鉄金属，鉄鋼が団地企業全体の約8割を占めている．

長田野工業団地の雇用状況については，約7,000人が従事しており，とくに，雇用情勢が厳しいなかで，2020年度は，操業企業40社のうち半数以上の26社が96人の新規学卒者が採用されており，うち26人（全体の約3割）の技術系大卒等が採用されている．

構内協力会社（請負）存在状況は，39社のうち25社（大前年度比2社増）が請負の関係にあり，事業所数82社，従業員数は1,603人（対前年度比52人増）にのぼる（表3-1）．

（3）長田野工業団地の事業実施および企業選定プロセス

京都府は，国，市，公共的機関との連携のもとに長田野工業団地における企業誘致の前提となる造成等の事業を進め，とくに，住宅地の整備，隣接するエ

表3-1：長田野工業団地内の外部企業の業種および雇用状況

業　種	企業数	業種比率	従業員数	派遣社員	協力会社従業員	計
化学工業	11	27.5%	1,324	9	124	1,457
金属製品	7	17.5%	631	19	106	756
電気機械	3	7.5%	644	122	555	1,321
非鉄金属	3	7.5%	267	33	14	314
鉄　鋼	3	7.5%	232	5	2	239
精密機械	2	5.0%	340	81	114	535
ゴム製品	2	5.0%	241	15	6	262
食品製造	2	5.0%	105	2	152	259
一般機械	2	5.0%	269	152	92	513
その他	5	12.5%	533	1	438	972
14業種計	40	100.0%	4,586	439	1,603	6,628

※従業員数4,586：正従業員3,885（84.7%），パート701（15.3%）．
出所：『令和2年度長田野工業団地の概況』より筆者作成．

リアに配慮した地域の良好な環境を維持に重点を置いていた.

　また，企業選定では，副知事を筆頭とした京都府の各部長が委員となり，実務上は，京都府および福知山市の関係する課長級を幹事として地域産業との関係，公害問題法に定める譲受人の資格，選別順位等を客観的に検討し，公正な選考と環境に配慮しつつ，福知山市内の地元企業との域内産業連関を図ることを目的とした政策がとられた.

　京都府総合開発計画に位置づけられた長田野工業団地は，地元福知山市との連携により，誘致された外部企業の受け入れ先として長田野工業団地内にとどまらない公害を発生しない住環境や地域産業との連関に配慮し，地元の意向に沿った地域開発を進めるなど全国総合開発計画での課題を踏まえ，地域の優位につながることが念頭におかれた.

　企業選定プロセスにより，域内での地元企業との域内産業連関を図る可能性のある外部企業を選定し，イノベーションの創出につなげる仕組みを構築している[2].

　長田野工業団地の企業が操業年と雇用者数・正従業員比率をみると，長田野工業団地の設置当初の1974年，1975年に操業している企業においては，比較的雇用者数も多く，400人近くを採用し，正従業員の比率も80〜100%と高く，企業選定のプロセスにおいて，選考に関する要綱要領および規程を定め，福知山市内との連携をはかり，地域の優位につながる企業誘致の導入プロセスの成果である.

　しかしながら，これらの企業誘致の導入プロセスは現時点では行われていない[3].導入プロセスが採用されなくなった時期は明確ではないが，データをみるかぎりは，1983年頃までは，1社あたりの雇用者数も多く，正従業員の比率も高い.1984年以降の操業企業の特徴としては，正従業員の比率は高いが極端に従業員数が少ない.また，地元製造業との連携においては困難と考えられる医薬品，食品関係が見受けられる.食品関係については，雇用者数は高いもののパート採用が大半を占め，正従業員の比率が低いことなどが特徴となっている.

　長田野工業団地の設置時点においては，地元製造業や地元雇用につながる政策を策定し，それらにもとづくプロセスを踏まえた企業誘致の選定の結果として，福知山市をはじめとした多くの地元の正従業員採用という結果につながっ

ている.

　当初の選考プロセスを採用していないと思われる誘致企業については，地元雇用につながっていないか，地元雇用につなげたとしても当初の誘致された企業に比べて正従業員の比率が低い．また，医薬品や食品加工などの業種は，地元製造や資材購入にはつながりにくいと思われる業種であり，これらの現状をみるかぎり，当初政策的に行われた企業誘致の選考プロセスが地元にとって有用である（表3-2）.

（4）長田野工業団地波及効果調査について

　長田野工業団地では，誘致された外部企業と地元企業と連携し，地域社会と協力した地域産業の発展，公害のない調和のあるまちづくりを目的に，設置後間もない1975年に長田野工業団地における波及効果について調査が行われた（京都府，1975）.

　地元企業に対する波及効果としては，外部企業から地元企業への発注は，9社中6社（66.6％）であった．地域別発注実績は，金額ベースでは，中丹地域（31.4％），京阪神地域（64.5％），その他（4.1％）であり，京阪神の下請企業に主要な外注部門を委ねているが，過疎地域である中丹3町に4件3.1％の発注，宮津市・峰山町などの丹後地域にも5件2.3％の発注があることは注目すべき点とされ郡部への波及効果がみられた.

　主な加工別では，板金溶接23,910千円（30.8％），その他21,608千円（27.8％），切削16,000千円（20.6％）であり，大半の加工種別を中丹地域と京阪神地域の双方に発注しているが，金型と「その他」は京阪神地域のみに発注しており，地元の下請企業が不足している.

　取引実態としては，発注6社のうち5社が発注書で，1社が契約であり，5社が技術指導，経営指導，機械貸与のうち何らかの指導援助を受けている.

　外部企業の将来計画としては，立地決定企業22社のうち半数の11社が下請発注予定であり，11加工種別（切削，研磨，鋳物，板金溶接，表面処理，金型，機械部品組立，プレス，電気機器，修理，その他（木型，紙製品，鎧装（漏電テープ加工））で，京阪神地域のみに発注予定は表面処理のみ（地元に加工処理できる企業がないため）であり，さらに京阪神地域に発注する比重の高い種別は，切削と「その他」で

第3章　企業誘致と動態的内発的発展論

表 3 - 2：長田野工業団地内企業の操業年と雇用者数

項目	正社員割合(%)	1974	1975	1976	1977	1978	1979	1980	1981	1982	1983	1984	1985	1986	1987	1988	1989	1990	1991	1992	1993	1994	1995	1996	1997	1998	1999	2000	2001	2002	2003	2004	2005	2006	2007	2008	2009	2010	2011	2012	2013	2014	2015	2016	2017	2018	2019	2020
長田野都市ガスセンター	100.0	29																																														
三菱金属工業	100.0		6																																													
呉羽製鋼	100.0		10																																													
交洋ファインケミカル	100.0																																												27			
GSユアサ	100.0		387																																													
ブリヂストン	100.0																																															
スズキ	100.0																																															
日本ヒドラ工業	94.4													27						5																												
扶桑化学工業	99.2																197																															
松尾電機	98.8										167	247																																				
SECカーボン	97.2	214																																														
関西金属工業	97.8																																															
三協化成	95.5							46																																								
三和ハイドロテック	95.5																																										44					
東洋機設	95.2																																															
武田ヘルスケア	92.5							199																																								
ニシバリ	91.7		72																																													
ナガセケムテックス	90.7			86																																42												
ヒエン電工	91.3		104																																													
日本製紙クレシア	89.7						97																																									
武蔵オートテクノ	88.2		85																																													
神戸製鋼	85.5		241																																													
サンキ	83.5									176																																						
エスペック	82.2		270																																													
長田野貨物輸送	81.3		183																																													
天晴製菓	81.0																	58																														
カワイ電機	79.0		62																																													
コア化成	78.9		90																																													
ヤマウチ	78.0								214																																							
日本血清製剤	77.8					427																																										
日本赤十字社	75.8										33																																					
ベッセル福知山	72.3																																															
パナソニックフォト・ライティング	71.4	70																									97																					
イトーニング	70.3											172																																				
京都薬品	65.4													26																																		
日東薬品工業	61.4																																										112					
ダリヤ電機	57.4		101																																													
大洋化繊	50.0																												8																			
日本アクセス	20.6																																															
合計	1,334	644	187	86	0	427	97	245	214	176	200	419	0	53	0	0	197	58	0	5	0	0	0	0	0	0	97	0	8	0	0	0	0	0	0	42	0	0	0	0	0	0	156	0	27	0	0	0

出所：『令和2年度長田野工業団地の概況』より筆者作成．

あり，従来の取引の延長という考えが強い傾向にあった．そのため，地元地域との調和ある発展を願う立場から，極力下請を地元に出す意向が示された．

他方，地元企業（大企業を除く）の現況としては，今後受注を増やしたい意向や外部企業との取引を希望するものが70％近くあるものの，地域に適当な親企業がないこと，京阪神地域企業の受注量が安定していること，賃金や技術の援助があることなどから地元下請企業が京阪神地域の親企業に依存することが高い状況にあった．

立地している外部企業による影響としては，長田野工業団地の建設により，4割を超える企業が影響を受けているとし，地域別では福知山市60.6％，綾部市37.5％，舞鶴市24.3％と長田野工業団地との距離と比例している．また，影響の内容としては，賃金水準が高くなった58.5％，従業員の確保が難しくなった30.2％が圧倒的に多い．

地元企業の対応課題として，地元中小企業には，外部企業との連携強化をおこなうとともに，外部企業が望んでいる技術の向上，納期の厳守，技術的条件・取引条件など安定した取引関係を強化する基盤整備や設備・技術の不足などの改善を図り，高度加工受注の開拓，高付加価値生産体制の整備が必要とされた．

そのほか，商業・サービス業においては，年間200〜300億円にのぼると推測される団地従業員の賃金の大半が生活物資の購入に消費されるようになれば，従来の商業基盤の上に，新しい商業都市が誕生するといわれる受益を得る分野であると期待された（京都府，1975）．

設置当初の調査では受発注に大きな可能性があるものの，地元企業の受注能力上の課題や従来の阪神エリアとの継続的な関係もある．また，外部企業の下請等になることで，技術指導を受けるなど地元企業へのメリットも見受けられることや外部企業の技術能力をはじめとした品質の向上や京阪神からの転入者である消費者に対するサービスの向上なども期待された．

第3節　長田野工業団地に関する中間支援組織について

長田野工業団地における企業誘致は，京都府総合開発計画のもとに，国や福知山市と連携しながら，誘致のための基盤整備と公害を出さず，雇用をはじめ

その他の産業にもその影響が波及し，地元企業との産業連関を図ることで地域の振興につながるような企業の選定が行われている．

長田野工業団地の誘致された外部企業は管理開発機能を持たない分工場であるが，京都府をはじめとした自治体や地元経済界による政策的に関与することによって，地域経済を構成する諸主体が連携して発展を促進する構造になり得る．

その際に，行政や地元経済界が作った中間支援組織（長田野工業センター，福知山企業交流会等）が政策的に関与し，企業間の連携はもとより地域との連携を積極的に仕掛けることにより，個別の誘致企業を超えた多様な連携を可能とし，単なる分工場経済から地域経済全般を内発化することにつなげる重要な役割を果たしている．

長田野工業団地の外部企業は，京都府の政策にもとづき，企業選定プロセスにより地元との産業連関の可能性のある企業を誘致している．しかしながら，地元との産業連関の可能性の高い外部企業を誘致し集積するだけでは地元との域内産業連関が起こるとはかぎらない．そのため京都府は，動態的内発的発展論が重視する外部企業と地元企業の域内産業連関をおこなうための中間支援組織である長田野工業センターを設置した．

また，地元経済界が中心となって，自治体，支援機関，長田野工業センターの協力のもとに商工会議所を母体とする地元企業をとりまとめて外部企業との域内産業連関をおこなうための中間支援組織として福知山企業交流会が設置された．

動態的内発的発展論をもとに，中間支援組織である長田野工業センターと福知山企業交流会について，外部企業と地元企業との域内産業連関を図るための役割について検証する．

1　長田野工業センターの役割

京都府は，誘致された外部企業間の交流を促進するための仕掛け・仕組みとして長田野工業センターという中間支援組織を1973年に設置した．このセンターは準備段階には京都府庁内に事務局が置かれていたが，現在は長田野工業団地内の福知山市企業交流プラザ内において，約40の団地内の外部企業が主体

となり外部企業間の連携促進や外部企業と地元企業をはじめとした長田野工業団地内外の情報共有や連携が行われている.

　長田野工業団地を建設する意義としては,「単に総人口の増大, 総生産の増大が直接の目的ではなく, 個々の住民の所得水準・生活水準の向上を究極の目的」が唱えられた. その上で, 第1に, 安定的な雇用機会の増大, 第2に, 近郊農業が発展する素地つくり, 第3に, 福知山市に隣接する舞鶴市・綾部市などとともに日本海側における拠点的な地方都市の育成の三つの効果を主とした諸効果が期待された (京都府, 1975).

　この理念のもとに長田野工業センターは, 長田野工業団地内企業が一体となり, 社会的公益性を認識して, 無公害工業団地の形成に努力し, 会員相互が自治意識を高め, 地域経済の発展に地域社会と協力して調和のあるまちづくりを進めるとともに, 工業団地の良好な環境を保全して行くため, 北部地域の開発による社会経済の地域格差の是正, 若年労働力の定着化, 地域経済の振興を図ることとし, 会員の相互扶助の精神にもとづく必要な共同事業活動をおこなうことを目的とし, 長田野工業団地建設の意義に応えることとし, 1973年から50年にわたり継続的に団地内の外部企業の支援に取り組んでいる (長田野工業センター, 1973a；1973b；1973c).

　そのため, 長田野工業団地内の企業間交流については, 総会をはじめ誘致企業の工場長で構成する工場長会により, 月に一度の事務労務連絡部会, 自警連絡部会, 安全衛生部会, さらには, 誘致企業と地元企業の双方による福知山市人権教育連絡協議会をはじめ, 各部会による年1～2回の先進地視察などが開催されている. これらについては, 長田野工業センターが団地内の外部企業間あるいは外部企業と地元企業のコーディネート役として継続的に取り組まれており, また, 自治体や地元経済界等との連携や情報共有が行われている[4].

　これらの活動の前提として, 団地内の外部企業で構成する理事会のもとに運営委員会を設置し, センターの運営が行われている. 専務理事には歴代京都府職員のOBが選任され, 団地内の連携を図るためのセンターを支えるとともに, 福知山市をはじめ様々な委員に就任し, 福知山市内の様々な情報入手するとともに, 京都府とのパイプとなり, 団地内をはじめ地元との連携が図られている[5].

また，設置当初から，誘致企業の概況，本社所在地の状況，年間出荷額，建ぺい率，従業者数，下請発注等の状況など27項目にわたる操業企業の状況，工業団地推移一覧などの詳細なデータを経年調査し，年度ごとの「長田野工業団地の概況」が取りまとめられている．「長田野工業団地の概況」については，誘致された外部企業をはじめ自治体や地元経済団体などに共有され，外部企業各社は，自社以外の企業の事業内容，業績，採用状況，給与水準など互いの企業情報を把握する機会となり，地元雇用や下請発注率等誘致企業と地元企業の域内産業連関の指標や企業連関の意識付けとなっている．

これらの企業情報を踏まえつつ，地元企業を取りまとめる福知山企業交流会と連携し，外部企業と地元企業とのマッチング交流会や個別相談などをおこなうことで，域内産業連関が図られている．

長田野工業センターは，企業誘致型の工業団地の管理組合とは異なり，誘致した外部企業の情報を持って，団地内の外部企業間同士の交流連携を図るとともに，自治体，地元経済界等の協力を得ながら，外部企業と地元企業との域内産業連関につなげる役割を担っている（図3-1）．

2　福知山企業交流会の役割

福知山企業交流会は，地元経済界が自治体と連携し，長田野工業団地内の外

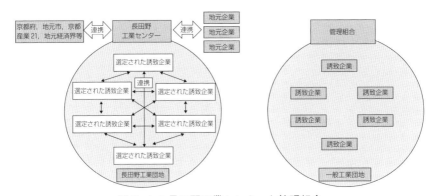

図3-1：長田野工業センターと管理組合

出所：長田野工業センターへのインタビューより筆者作成．

部企業と地元企業(会員企業104社,福知山商工会議所会員企業1,089社)との域内産業連関を図るという政策を目的に商工会議所内に設置(事務局機能の一部は,長田野工業センターに設置)された.

1997年に現在の名称となり,技術交流,人的交流を深め,受注拡大,企業発展をめざし,第1に,会員相互の交流をはかるための懇談会と受発注の交流会の開催,第2に,会員企業の基盤強化を図るための視察見学会,各種研修会の実施,第3に,会員内外の必要な情報の収集と提供に努めることとし,経営環境の変化に対応した活動が実施されている[6].

福知山企業交流会では,福知山商工会議所における経営指導員の日常の地元企業の経営指導や相談を通じ,会員企業の状況や企業ニーズについて部会をつうじて把握し,誘致企業との連携に備えた情報データをストックし,これらの情報データを踏まえ,長田野工業センターと連携し,外部企業と地元企業間の交流促進,企業相互の受発注の醸成など域内産業連関を図るための,受発注懇談会,販路開拓・展示会出展,個別相談などの事業が行われている.また,事務局機能の一部を長田野工業センターに併設し,長田野工業センターとの連携を強化しており,常に連携ができる仕組みが構築されている(図3-2)[7].

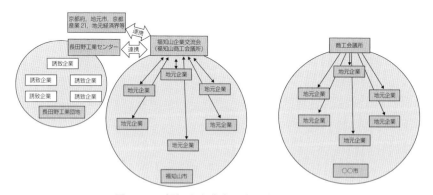

図3-2:福知山企業交流会と商工会議所

出所:福知山企業交流会へのインタビューより筆者作成.

3 長田野工業センターと福知山企業交流会の連携

長田野工業センターは，長田野工業団地の設置の目的が地域の質的な発展をめざすものであることを踏まえ，外部企業の相互扶助を行いながら，外部企業が一体となって，長田野工業団地建設の意義に応えることとして，50年継続的に取り組みを進めてきた．

政策的に選定した外部企業を中間支援組織である長田野工業センターが取りまとめ，地元企業を管理する福知山企業交流会と連携し，外部企業と地元企業の日常的な相互コミュニケーションの構築に努め，企業の情報や課題，ニーズなどの情報の把握に努めている．その上で，自治体や地元経済界等との連携のもとに，外部企業と地元企業との受発注懇談会，販路開拓・展示会等の交流連携あるいは日々の企業の管理，経営指導，相談業務をおこなうことをつうじて，域内産業連関が図られている．また，これらの連携という創発を中間支援組織がおこなうことによって，新商品開発等のイノベーションが創出され，域外産業連関につなげる重要な役割を担っている．

長田野工業団地の事例では，長田野工業団地の建設の意義を踏まえた，中間支援団体である長田野工業センターによる取り組みによって，誘致企業の相互扶助はもとより，地域の質的発展をめざすという価値観や工場長会をはじめとした行動様式が長年にわたり共有されている．

第4節 長田野工業団地企業への調査および事例分析

長田野工業団地の外部企業，地元企業に対してアンケートおよびインタビューによる調査を行い，中間支援組織である長田野工業センターと福知山企業交流会による外部企業と地元企業の連携事例等が行われているのかを検証した．

長田野工業団地の操業企業39社のうち供給等3社を除く36社について，2020年9月から10月に人事・予算に関する決定権，裁量権，研究開発機能，企業間連携等に関するアンケートを行い，5社からの回答を得た．また，回答企業のうち2社へのインタビュー調査行い，2社のうち1社の関連する下請企業に対して2020年10月28日にインタビュー調査を実施し，これらの結果について分析

を行った[8].

　また，2022年8月に長田野工業団地の全操業企業40社に対して，長田野工業団地内企業あるいは地元企業との連携によるイノベーションに関するアンケート調査を行い19社から回答を得，そのうちイノベーションに該当する10社についての分析を行った．その上で，2020年のアンケート調査結果でイノベーションがあるとの回答があった2社（1社重複）を加えた合計11社に電話でのインタビュー調査を実施し，これらの結果について分析を行った[9]．

1　長田野工業団地企業の人事・予算に関する決定権・裁量権等

　先行研究では，分工場は，投資決定などの意思決定権がないことや低賃金非熟練労働であり，研究機能や開発機能を持たないことから地域との産業連関は弱いという分工場経済の指摘がある（中村，1990，富澤，2010b）．そのため，本書では長田野工業団地内の外部企業に関して，人事・予算等に関する決定権・裁量権等に関連するアンケート調査等により現状について検証することとした．

　人事・予算に関する決定権・裁量権については，5社中4社が該当するとの回答であった．

　4社のうちA社は，事業部採算制が取られ，事業運営に必要な権限を付与されており，長田野工業団地での人材募集は，長田野工業団地の現地に委ねられている．

　B社は，予算の執行権，地元雇用に関する人事権，その他本社から独立した権限を持つが，多額の設備投資等の重要事項については親会社の了解を必要としている．

　C社は，中途採用，非正規採用の権限を持つが，新卒採用は本社が主導しているものの，地元の京都府立工業高校を優先に採用が行われている．予算については本社への申請制となっている．

　D社は，高卒新規採用，キャリア採用の権限を持つが，大卒総合職は本社の権限となっている．

　研究開発機能についてはA社が該当し，分工場ではあるが，一定の権限や研究開発機能を有する．たとえば，新商品を作り出す場合には，営業部門が全国

の顧客に対してマーケティング調査を行い，それにもとづき工場責任者・製造幹部全員でアイデアを出し合い試作をおこなうことで顧客の要望に応えることとしている[10]．

地域との連携は全社が該当しており，地元企業との連携については，B社を除く4社が該当し，また，地元企業に自社の技術や知識が活用されているかについてはB社を除く4社が該当した．

そのほか，D社から独立して起業をしているというスピンオフについての回答もあった．

行政との連携を進めていることや地元の工業系の大学との連携を進めるとともに，地元の政策・情報系の大学との連携を模索しているとの回答もあった．

先行研究では，分工場には研究開発機能や管理機能といった管理開発機能を持たないという指摘であったが，サンプル数は少ないものの，予算や人事に関する裁量権を持っていることがあきらかになった（表3-3）[11]．

2　長田野工業団地における事例分析

長田野工業団地内企業あるいは地元企業でイノベーションがあるとの回答があった11社へのインタビュー調査を実施した．

インタビューに際してのイノベーションの定義については，第1に，新たな種類の製品，製品の種類，新たな生産過程と一部の消費者の定例的な商品変化を必要とするプロダクト・イノベーション，第2に，既存製品の生産過程の変化．新技術は，生産物一単位あたりの生産に必要な投入量の変化によって特徴つけられるプロセス・イノベーション，第3に，提携業務の変化として，市場構造の変化を伴う組織上のイノベーション，第4に，ある集団により定例的に使用されていた製品が，性格的に異なる使用者の集団の定例的な消費に導入される市場のイノベーション，第5に，新たな原料，あるいは新たな中間財が導入，いくつかの会社が生産過程を新投入物に適応させて初めて実施される投入イノベーションの視点から実施した．

その上で，第1と第5については「新商品・調達等」，第2については「生産性・技術の向上」，第3と第4については，「新たな取引先」，第1から第5とは別にイノベーションにつながる投資情報等を「情報共有」，ネットワーク

表3-3：長田野工業団地企業への連携等に関するアンケート結果

項　目	該　当	非該当
人事・予算に関する決定権・裁量権	4社	1社
研究や開発の機能	1社	4社
アジア諸国に生産拠点が移った際に影響	3社	2社
長田野工業団地内の他社と連携	3社	2社
福知山市をはじめ地元企業と連携（下請を含む）	4社	1社
福知山市をはじめとした地域との連携（地元でのPRやイベント等を含む）	全社	―
地元企業に長田野工業団地内の貴社（工場）の技術や知識が活用されているか	3社	2社
長田野工業団地の貴社（工場）から独立して起業されている方がいるか	1社	4社
長田野工業団地で製造している製品等は，全国や海外に向けたものか	全社	―
長田野工業団地で製造している製品等は，長田野工業団地内で完結・完成するのか	4社	1社
京都府との連携	2社 ※1社は長田野工業センターを通じて	3社
福知山市との連携	3社 ※1社は長田野工業センターを通じて	2社 ※1社は連携を模索中
福知山公立大学との連携	―	全社 ※1社は連携を模索中
京都工芸繊維大学（福知山キャンパス）との連携	2社	3社
長田野工業団地内の企業間の連携を行う長田野工業センターを活用	全社	―

出所：長田野工業団地企業へのアンケート結果（2020年実施）より筆者作成.

関係等については「その他」に分類した.

　事例については，中間支援組織が介在することよって，外部企業と地元企業との取引事例等から域内産業連関が図られていること，中間支援組織による外部企業と地元企業との連携によって，新商品等のイノベーションの創出，域外産業連関につながる事例を示すこととした. あわせて長田野工業センターによ

る長田野工業団地内の企業間の連携についての事例を示すこととした.

（1）中間支援組織による外部企業と地元企業との取引事例等

外部企業と地元企業との「生産性・技術の向上」では，受委託双方の生産性・効率性を高めるもの，地元の閉鎖鉄工場の再活用など外部企業5社と地元企業5社との事例があった．また，「新たな取引先」では，外部企業4社が地元企業4社との取引事例があった.

外部企業のなかには，素材から商品完成まで社内で一貫して生産ができるが，それ以外の設備や修繕など福知山企業交流会をつうじて地元企業を採用することの目標（取引先業社数ベースで約6割）を立てているという事例もあった．情報共有としては，複数の企業が，長田野工業センターと福知山企業交流会が開催するマッチング交流会により地元の高い技術力を持つ企業を知る契機となったなどの回答があった.

これらの事例はアンケートに回答があり，そのなかからインタビュー調査の協力を得た一部の抽出事例であるが，長田野工業センター・福知山企業交流会が外部企業と地元企業とをつなげるためのマッチング交流会や個別相談等の中間支援により，生産性・技術の向上や新たな取引先の開拓等につなげており，一貫生産体制をおこなう外部企業においても，中間支援組織をつうじて地元企業との域内産業連関が図られていることがあきらかになった（表3-4）[12].

（2）中間支援組織による外部企業と地元企業との連携事例

中間支援組織による外部企業と地元企業との連携事例については，たとえば，福知山企業交流会の中間支援のもとに，レンチ等の工具製作する地元企業と「鋼管事業」と「スチール機器事業」をおこなう外部企業とが連携し，地元企業の設計製造と外部企業の素材を活用した地元企業の新商品の開発が進められている[13]．外部企業と地元企業との連携によって新商品の開発することで，地元企業の新商品という外需（域外需要）により域外産業連関につなげる事例である.

別の事例では，長田野工業センターと福知山企業交流会の中間支援のもとに，「鋼管事業」と「スチール機器事業」をおこなう外部企業と地元企業である福知山バイオマス事業協同組合が連携し，福知山発のバイオマスボイラーが新規

表 3-4：中間支援組織による外部企業と地元企業との取引事例等

項目	内　　容
生産性・技術の向上	・地元の閉鎖鉄工所の機械設備を，同社の事業に活用するなど地元調達を可能にしコスト削減につなげるとともに，地元企業の鉄工所から別事業への転換支援を行なった．（A社×地元企業）
	・近畿唯一の切断工場にSS，SUS板材切断品を発注し，短納期対，追加処置も対応でき，生産性・効率性の向上につなげている．（C社×R社）
	・ステンレス鋳物，ステンレス製缶品の機械加工で同社製品の特長を理解し，生産技術を高めく加工し，発注側のコスト削減と受注側の生産技術が向上（C社×S社）
	・アングル，角パイプ等鉄部品成形材料を，短納期，安価で対応し，同社の生産性・効率性の向上と受注側の生産技術が向上（C社×T社）
	・製缶品（小型～中型）を扱い，C社の特徴を捉え，適正な品質で様々な製缶，折り曲げ品を施工することが可能であり，価格も安価であり，C社の生産性・効率性向上と，U社の技術水準の向上や適切な納期の管理など技術水準や効率性につながった．（C社×U社）
新たな取引先	・福知山企業交流会を通じた新たな連携により，地元企業から設備部品等の発注など新たな取引先の拡大に繋げている． （L社×地元企業） （J社×地元企業） （H社×地元企業） （X社×地元企業）
	・カーボンメーカーであり素材から商品完成まで社内で一貫して出来るが，福知山企業交流会を通じた設備や修繕など地元企業を採用することの目標（取引先業者数ベースで約6割）を立てている．（X社）
情報共有	・マッチング交流会等により，長田野工業団地内と地元の高い技術力がある企業を知ることができた．（A社他）
その他	・誘致企業であるAB社（電子関連）のAC氏は，工場長会等を通じて，A社（金属加工）からの引き合いがあり，長田野工業団地内で転職．（誘致企業AB社から誘致企業A社への転職）

出所：長田野工業団地企業へのインタビュー結果（2022年実施）より筆者作成．

に開発導入されており，地元河川敷の刈草などを原料とした木質ペレットを燃料とし，地元の自然環境に配慮するとともに，事業におけるCO_2排出量削減など地域貢献にもつなげられている．[14] 外部企業と地元企業との連携によって，外需（域外需要）につなげるための新製品が開発された事例である．

そのほか，長田野工業団地の設置時に，長田野工業センターの中間支援によ

り電子関連の外部企業との取引をおこなうことを前提に，元々建築会社であった地元企業が，電子部品関連の地元企業を新たに設立している[15]．下請けとは異なり，地元企業が最先端産業における電子機器の部品調達，製造，そして検査・品質管理までを一貫体制でおこなうことによって外需（域外需要）につなげる事例である．

　また，「鋼管事業」と「スチール機器事業」をおこなう外部企業と建設関係等の地元企業が連携し，福知山市の立体駐車場，ループ式階段の新設，噴水，車止めなど地元の公共事業等への新規事業として展開されるとともに，これらの製品が域外にも展開されている[16]．

　これらの事例はアンケートに回答があり，インタビュー調査の協力を得た一部の企業の抽出事例であるが，長田野工業センターと福知山企業交流会の中間支援組織が，外部企業と地元企業との連携・創発を促進することによって，イノベーションが創出され外需（域外需要）に結びつき，域外産業連関が生まれる上で重要な役割を果たしていることを事例によりあきらかにした（表3-5）．

表3-5：中間支援組織による外部企業と地元企業との連携事例

項目	内　　容
新商品開発等	・地元企業と連携し，地元福知山市の立体駐車場，ループ式階段の新設，車止めや噴水など新規事業を展開 （A社×地元企業）
	・Q社（レンチ等の工具製作：現在は長田野工業団地内にも設置）から新製品のオーダーがあり，A社のパイプを活用したオリジナル商品を開発中 （A社×Q社）
	・建築会社であるAA社は，長田野工業団地の誘致企業AB（電子関連）との連携を前提に，電子部品の会社を新たに設立（現在は，京都の大手ゲーム機メーカーと取引拡大） （地元企業AA社×長田野工業センター×誘致企業AB社）
	・地元のバイオマス企業と連携し，福知山市第1号の取り組みとなるバイオマスボイラーを新規導入し，地元との新規事業を展開 （A社×地元バイオマス企業）

出所：長田野工業団地企業へのインタビュー結果（2022，2023年実施）より筆者作成．

（3）中間支援組織による外部企業間における連携事例

　長田野工業センターによる団地内の誘致した外部企業間同士の新商品・調達等の事例については，大型マグネットポンプに関する新たな製品事例，電気絶縁体等の商品の新たな調達が複数事例，新たな製品依頼やエネルギー調達が行われていることや医療分野の新商品の開発等が進められている．なお，外部企業間同士の連関は，多様な産業・人口が集積する工業地帯における工業集積を促進させる都市化経済であり[17]，異業種間同士のつながりによる経済性の向上を意味しており，動態的内発的発展論の視点からは域内産業連関の複雑化と言える．

　地元企業との産業連関の可能性のある外部企業が選考され，その上で長田野工業センターによる工場長会をはじめとした誘致企業間のマッチングにより，地元企業との産業連関だけではなく誘致された外部企業間での新たな製品開発，新たな調達や今後も開発が行われるなど具体的な域内産業連関につながっていることがあきらかになった（表3-6）．

　C社によれば，福知山企業交流会のマッチングにより，地元企業であるR社，S社，T社，U社との取引につながった．また，U社は，C社との取引をおこなうことで，自社の生産性を高めるとともに，生産技術の向上につなげているとの回答があった[18]．

　H社，J社，L社によれば，福知山企業交流会を通じ，地元企業から設備部品等の発注など新たな取引先の拡大につなげている[19]．

　A社他は，長田野工業センター，福知山企業交流会，商工会議所によるマッチング交流会などにより，長田野工業団地内と地元にも強い技術力の企業があるのを知るきっかけとなり，これらの情報共有により自社の強みにつなげようとしている．

3　誘致企業の設置年とイノベーション

　アンケートへの回答があった外部企業17社の設置年とイノベーションとの関係では，長田野工業団地内の連携によるイノベーション事例10のうち，6社が1970年代に設置，2社が1980年代に設置，1社が1990年代に設置，1社が2010年代に設置されており，8割が設置当初の企業となっている．また，地元企業

表3-6：中間支援組織による外部企業間における新商品・調達等の事例

項目	内　　容
新商品・調達等	・大型マグネットポンプ等のベース塗装による新たな製品を製作 　（C社×M社）
	・電気絶縁用・工業材料用に関連する積層管に関連する商品の新たな調達 　（I社×N社，G社他）
	・板バネ，金属加工等の新たな製品依頼等 　（K社×長田野工業団地内企業）
	・長田野工業団地の他の企業から電子材料等に関する新しい計器など優れた製品を選択することで生産の向上につなげている． 　（F社×長田野工業団地内企業）
	・医療分野の新製品の開発・新規取引に向けて検討中 　（G社×長田野工業団地内企業2，3社）
	・エネルギー供給や溶接材をはじめとした調達企業間連携 　（D社×O社他）
情報共有	・工場長会，労働安全関係，人権会議，健康関係会議などによる様々な情報共有や補助金や制度改正の解説 　（長田野工業センター，京都府，福知山市，警察，労働基準監督署，ハローワーク，福知山企業交流会×長田野工業団地企業）
	・同業種（電線）の情報共有 　（H社×D社）

出所：長田野工業団地企業へのインタビュー結果（2022年実施）より筆者作成．

との連携によるイノベーション事例7のうち3社が1970年代に設置，2社が1980年代に設置であり，7割以上が設置当初の企業となっている．

　企業間の連携の時期は明確ではないが，長きにわたり，長田野工業センターあるいは福知山企業交流会等が介することで信頼関係が構築され，他社の事業を知る機会を得ることでイノベーションの創出につなげられている（表3-7）．

　長田野工業団地を段階的に捉えると，まず京都府の政策上の位置付けとしては，1964年に第1次の京都府総合開発計画が策定され，第2次の計画が終わる1980年までが，国の拠点開発方式ではなく根幹的事業方式がとられており，工業開発の推進と周辺への波及が掲げられている．1981年以降の第3次の総合開発計画では，新たな産業拠点の形成と職住一体型の生活圏の構築と総合計画の内容が変わっている．

表3-7：外部企業の設置年とイノベーション

企業名	団地内連携	地元企業との連携	1970年～	1980年～	1990年～	2000年～	2010年～
A		新規事業展開・新商品開発		1982			
B		予算・地元雇用人事権		1980			
C	新商品開発		1974				
D		知識の伝播・その他	1975				
E	新商品開発		1975				
F	新たな生産方法			1984			
G	新たな調達			1989			
H		新たな取引先	1974				
I	新たな調達				1992		
J		新たな取引先	1974				
K	新商品開発		1974				
L		新たな取引先					2017
M	新商品開発						2016
N	新たな調達		1975				
O	新たな取引		1974				
P	情報共有		1974				
Q		新商品開発					2015
17社	10社	7社	9社	4社	1社	なし	3社

出所：長田野工業団地企業へのインタビュー結果（2020年実施）等より筆者作成.

　次に，京都府総合開発計画にもとづき，工業団地の整備，企業誘致が行われるが，工業用地の造成については，1970年から概ね3か年で行われ，造成工事を進めるとともに，誘致する外部企業の選定は1973年から行われている．合わせて同年に長田野工業センターが京都府庁内に設置され，地元企業との連携を視野に入れた企業誘致の準備が進められ，1974年に長田野工業団地が創業している．その後，誘致する外部企業が団地の許容範囲となる40社前後に落ち着くのは1990年頃までであり，以降は40社前後で推移している．

長田野工業団地は京都府総合計画の政策的な位置付けから，誘致する企業の選定プロセス，誘致した外部企業間の連携を図る長田野工業センターが設置され，あるいは外部企業と地元企業との連携を図る福知山企業交流会の前身となる組織が設置されている．また，長田野工業団地設置後に行われた長田野工業団地波及効果調査においては，外部企業から地元企業に対しての受発注が一定程度行われ，長田野工業団地の下請の推移をみても導入期から受発注や資材調達が行われていることから，市場のイノベーションあるいは投入のイノベーションがみられるといえる．

また，誘致企業から地元企業に対しての技術指導や経営指導を受けていることから，技術水準の向上や適切な納期の管理など効率性につながったことや誘致企業間の情報をもとに自社の生産性の改善に努めていることなど，長田野工業センターあるいは福知山企業交流会の前身の組織が関与することにより，早い時期からプロセスイノベーションが発生している．

その後，下請による技術水準の向上の時期から，発生時期は明確ではないが，長田野工業センターが設置され，続いて福知山企業交流会が設置されて以降に，長田野工業センターあるいは福知山企業交流会を介して企業間の連携が行われ新商品が開発されるような展開に至っている．

次の段階として，長田野工業団地内企業の退職者などの技術や知識が福知山市をはじめとした地元企業に活用されていることや福知山工場から独立して福知山市で起業するなどのスピンオフの事例や地元の企業（福知山バイオマス研究開発事業協同組合）と連携したCO_2削減など社会貢献につながるような新規事業を展開していることなど，これらのプロセスをみても長田野工業団地は段階的に発展している．

4　域内産業連関に関する継続した取組

イノベーション発生のプロセスを整理すると，まず京都府の政策において，福知山市に工業団地という産業の集積を図ることとした．その上で，誘致企業の選定において，地元企業との地域内との産業連関を視野に入れた企業選定のプロセスがとられている．

また，長田野工業センターにより，設置当初から外部企業の連携を図ってお

り，長田野工業センターが企業間の連携をおこなうことにより新商品や新たな取引等につなげている．

　合わせて，福知山企業交流会による，外部企業と地元企業とのビジネスマッチングなどが行われており，新商品開発，生産性・技術の向上，新たな取引先等につなげている．

　長田野工業団地においては，長田野工業センター，福知山企業交流会などの中間支援組織が外部企業と地元企業との域内産業連関を図るとともに，外部企業と地元企業との連携・創発を行い，イノベーションを創出することで域外産業連関につなげる重要な役割を果たしている[20]．

　長田野工業団地は，京都府総合計画に政策的に位置付けられ，域内産業連関につながる企業の選定が行われ，域内産業連関を図るための中間支援組織の設置，アフターフォロー等相談支援，誘致後も企業の流出防止などを行っており，総合計画の策定から現在まで，誘致企業と地元企業との域内産業連関を図る継続的な取り組みが行われている（図3-3）．

　陳は，長田野工業団地の外部企業7社と綾部工業団地の外部企業6社のアンケートと特定の3社の事例を持って，第1に，地元企業の取引チャンスを受け取る能力の不足，第2に，外部企業との分野が違ったりすること，地元市場のポテンシャルが低かったり，地元企業との技術格差が大きかったりするために，地元経済はそのスピルオーバー効果の吸収力が弱い，第3に，誘致企業の変化への対応力の不足という三つの能力不足による経済的立地条件の劣位により，リンケージの可能性を閉ざしていると批判している（陳，2017，pp.73-82）．

　しかしながら，陳の指摘は，自己完結型の外部企業，コンピューターによる機械化生産の外部企業およびスマートフォン製造会社などにフィルムを提供している特定の外部企業3社のみを事例としているものである．3社のなかには，自己完結型であっても，自己完結以外の部分についての地元発注率を6割にしている企業もある．これまでの外来型開発では，地元雇用の創出に期待ができないとされているが，地元雇用につながり賃金として分配された付加価値が次の地元への消費や税収に回り地域経済の発展につなげるというのが動態的内発的発展論の意義である．機械化されていると指摘している外部企業においては，172人の雇用（うち正職員121）が行われており，長田野工業団地の外部企業全体

第3章 企業誘致と動態的内発的発展論　77

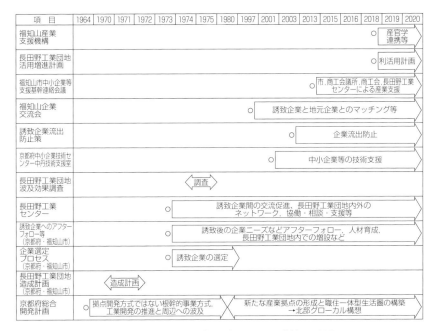

図3-3：長田野工業団地における政策の展開

出所：筆者作成．

における地元雇用率が約85％となっていることからすれば，長田野工業団地における雇用が福知山市の地域経済の発展に寄与している．

また，長田野工業団地のように外部企業の選定プロセスを持たない，工業団地の設置の時期や背景等が異なる綾部工業団地のアンケート結果を持って，企業の分野が異なることや地元市場のポテンシャルが低いとの指摘は長田野工業団地を分析するのには適切ではなく，外部企業と地元企業の域内産業連関によって新商品開発等が行われている中で，地元企業との技術格差が大きく，地元経済はそのスピルオーバー効果の吸収力が弱いとは言い難い．

5　他の工業団地における取組事例

京都府が長田野工業団地と同じ福知山市（三和町）に設置したアネックス京都三和，福知山市に隣接する綾部工業団地と綾部市が設置した綾部市工業団地

と比較する.

　アネックス京都三和は，長田野工業団地から車で約20分のところに位置し，1990年の第四次京都府総合開発計画に名称が掲載され，1999年に着工し，2003年に完成している．造成面積は長田野工業団地の220.1haで完売しているのに対して72.1haであるが，現在も30.9haが売れ残っており，長田野工業団地のような住宅，公園等の用途の土地はない．27区画の整備のうち18区画が売却されているが，実際は12社が複数の区画を利用している．また，業種については，食品（佃煮加工），繊維（神社仏閣用授与品（御守り等）），化学（農薬），薬品（分析関係，着物防水加工），化粧品，電子機器（基盤関係），その他（包装），物流センターの12社の異なる業種が混在している[21]．

　誘致企業が地域との連関がないことは全国の工業団地全体の課題でもあるが，2004年に長田野工業団地に近接するアネックス京都三和は，利用できる水量が限られるなどの課題がある中，大量の水を必要としない企業の誘致に取り組むこととなり，また，日本の金融危機やリーマンショックの影響を受け塩漬け状態が続いたため，造成地の売却を最優先することとした．このような状況のなか，製造業の誘致にこだわることなく，物流業を誘致対象に拡大したこともあり，立地企業の業種としては統一感がなく，当初の想定と異なる状況となっており，誘致する企業の業種もバラバラとなり，地域との連関がないものとなっている[22]．

　また，綾部工業団地は，第三次京都府総合開発計画にもとづき，長田野工業団地（1970年）に続き，20年後に1989年（第1期），1993年（第2期）に設置され，販売開始後，間もなく完売となったものの，購入された用地の利活用度が低い企業もあり，また，引き続き2008年のリーマンショックの影響を受けて立地企業の撤退もあった．長田野工業団地をはじめ他の工業団地と同様に京阪神から60〜90分という企業側にとっての利便性や，北海道からのジャガイモの陸揚げを想定し京都舞鶴港を活用した物流が立地するメリットとなっている．入居企業数22社のうち，地元の食材を使っていない食品加工（6）をはじめ，地元企業と連関しない自動車部品（3）や医薬品（1），太陽光発電（2），倉庫など物流施設（1），その他製造業と地域との連関がないことが課題である[23]．

　加えて，福知山市に隣接する綾部市においても，長田野工業団地から約

15km離れた近接地に綾部市工業団地を設置したが，誘致企業が来ることなく企業の倉庫団地となっており地元企業との域内産業連関はみられない.[24]

　長田野工業団地が京都府総合計画上に京都府北部の振興として政策的に位置付けられ，実際の誘致企業の選考においても京都府と福知山市により，地元企業との連携や地元雇用などの選考基準など政策的な選考のプロセスがとられており，誘致企業にとっても住環境の整備などの好条件から完売している．これに対し，アネックス京都三和や綾部工業団地は形式的に総合計画に掲載されているものの，バブル崩壊後には塩漬けの工業用地となり，長田野工業団地のようなプロセスを経ずに売却ありきとなったことから工業ではなく食品加工業なども入居することとなり業種として統一感がなく，地元との連携に乏しく，アネックス京都三和においては，現在も半分近くの用地が売れ残っている（表3-8）.

　アネックス京都三和など近隣の工業団地については，長田野工業団地の誘致企業のような企業選定のプロセスを経ておらず，また，設置されているセンターは管理組合程度にとどまり，企業誘致をしたものの，外部企業間の業種にもばらつきがある上に，外部企業間あるいは外部企業と地域を連携させるコーディネート機能が設置されておらず，域内産業連関には至っていない.

　これらは長田野工業団地のように，全国総合開発計画の課題を認識して策定した住民福祉の向上を目的とした総合計画によるものではなく，外部企業の選定プロセスも後回しとなり，地域とは連関しない分工場や倉庫の集まりとなっている.

　他県の事例について，岩手県北上市，島根県掛斐川町では，自治体の積極的な誘致により，多数の工場を誘致することによって外来の工場が主体となった産業集積が形成され，外来工場を主体としつつも一定の厚みを持った産業が地域に生れた．しかしながら，これらは，当初から戦略的に構想されたものではなく，誘致活動をおこなうかかわりのなかで，関連企業の生産連関に途中から対応したものである．そのため，地元側に外来工場の仕事を請けられる企業が少なく，同業種であっても外来工場が要求する技術水準・生産能力等に応えられる企業がない，外部企業の生産体制が自己完結的で外注をあまり必要とせず，また，半導体や化学工場は生産プロセスの管理が厳格であり，工場内ですべて

表 3 - 8：長田野工業団地と近隣工業団地の状況

項　　目	長田野工業団地	綾部工業団地	アネックス京都三和	綾部市工業団地
設 置 者	京 都 府	京 都 府	京 都 府	綾 部 市
設 置 年	1970年	1989年（第1期）1993年（第2期）	2003年	2000年
敷 地 面 積	220.1ha（完売）	71.9ha	72.1ha（うち30.9haが売れ残り）	3.4ha（うち1区画売れ残り）
企業選定の方法	企業選定プロセス（設置当初）	な　　し	な　　し	な　　し
管 理 運 営	長田野工業センター	綾部工業センター	管理組合（実際は福知山市，京都府の担当課が管理運営）	市の直営管理：農林商工部商工労政課工業・雇用促進担当
企 業 数	約40社	22社	12社	8社
業　　種	製造業（化学工業，金属製品，電気機械，非鉄金属，鉄鋼他）	食品6，太陽光発電2，自動車部品3，物流1，医薬品1，その他製造業	食品（佃煮加工），繊維（神社仏閣用授与品（御守り等）），化学（農薬），薬品（分析関係，着物防水加工），化粧品，電子機器（基盤関係），その他（包装），物流センターの12社の異なる業種が混在	大半が企業の倉庫
京阪神からのアクセス（高速道路）	大阪から約70分京都から約60分神戸から約60分	大阪から約90分京都から約55分神戸から約70分	大阪から約90分京都から約80分神戸から約80分	大阪から約60分京都から約75分神戸から約60分

出所：長田野工業団地，綾部工業団地，アネックス京都三和および綾部市工業団地のHPより筆者作成.

の工程を統合させているなど外部企業と地元産業との連関が薄いということなど課題を持っている（富澤，2010b，pp.52-53）.

第5節　長田野工業団地による福知山市経済への影響

　福知山市の産業別の人口推移，福知山市人口と長田野工業団地従業員の推移，福知山市総生産に占める長田野工業団地製造業出荷額の推移をみても増加傾向にあり，1970年代から1980年代にかけて急増しており，この間の工業団地の造成とその後の長田野工業団地内への外部企業による企業進出が福知山市の地域経済の発展を支えてきた．

　また，大半の就業者が福知山市，綾部市から通勤しており，これらの状況から当工業団地が当地域の重要な雇用先として大きな役割を果たしており，地域経済に大きな影響を与えている（松原，2014，pp.95-99）．

　福知山市の製造業（2000年度）のうち軽工業については，いずれも京都府全体よりも移輸出率が低く，数値自体もほとんどが50％を下回っており，福知山市の軽工業は相対的に内需向けの製品を多く生産している．製造業のうち重工業についての移輸出率が最も高い産業は「一般機械」であり，以下「その他製造業」，「金属製品」が続き，これらはいずれも80％を超えており，しかも京都府よりも高く，「プラスティック・ゴム製品」や「窯業・土石製品」も京都府に比べて若干比率は低いものの移輸出率が高く，福知山市の基盤産業とみなしうる．一方で「電気機械」は京都府の移輸出率が約90％であるのに対し，福知山市は20％程度であり，他の重工業とは非常に対照的であり，内需向けの販路をもっている（長谷川・安高，2009，pp.74-86）．

　出荷額については，1974年では141億円であったが，2020年には2,992億円（約21倍）となっている（図3-4）．

　また，操業社数の推移をみると，1974年の時点で14社であったのが，誘致活動により1993年まで増加を続け，1994年以降が40社前後の操業で安定している（図3-5）．操業社数に対して，従業員数，出荷額ともに伸びている．

　これまでの外来型開発では，地元雇用の創出に期待ができないとされているが，長田野工業団地の事例では，地元雇用につなげていることから，賃金として分配された付加価値が地元への消費や税収に回ることによって地域経済の発展に寄与している．

図3-4：従業員数・出荷額の推移
出所：『令和2年度長田野工業団地の概況』より筆者作成.

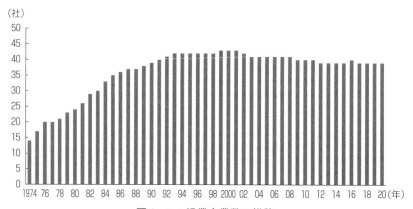

図3-5：操業企業数の推移
出所：『令和2年度長田野工業団地の概況』より筆者作成.

　長田野工業団地による北部の振興を図ることを目的とした京都府の政策であり，経済効果，雇用情勢，地域内への販路など長田野工業団地の影響により，福知山市経済の発展に影響を与えている．

　福知山市人口および長田野工業団地従業員数の推移をみると，長田野工業団

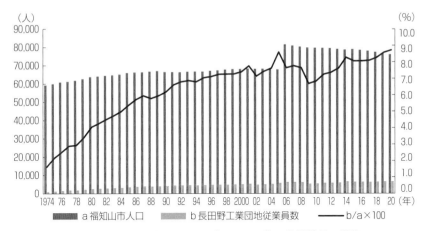

図3-6：福知山市人口および長田野工業団地従業員の推移
出所：『福知山市統計書』（昭和54年度—令和2年度），『長田野工業団地の概況（令和2年4月）』より筆者作成．

地の設置当初の1974年には，福知山市人口59,348人に対し，長田野工業団地従業員社数が953人で，1.3％であったのが，2020年には福知山市人口76,080人に対し，6,628人で8.3％と設置当初の7倍の従業員数の増加となっており，福知山市の人口の約1割を占めている（図3-6）[25]．

福知山市の分野別の出荷額の推移をみると，福知山市総生産のうち福知山市製造出荷額が全体の70％から約80％を占めて推移している．また，福知山市製造出荷額のうちの大半が長田野工業団地製造品出荷数額であり，福知山市総生産のうち65％から約80％を占めており，2009年度の2,404億円から2017年度の2,738億円と約14％の伸びとなっている．

これらをみても長田野工業団地が福知山市の経済を牽引していることはあきらかである（図3-7）[26]．

福知山市第二次産業および長田野工業団地従業員数の推移をみると，長田野工業団地設置当初の1975年には，第二次産業の従事者数8,677人に対し，長田野工業団地の従業員数は，1,296人で15％程度であったが，2015年には，第二次産業従事者数10,927人に対し，長田野工業団地の従業員数6,355人で58％と6割近くを占めている．

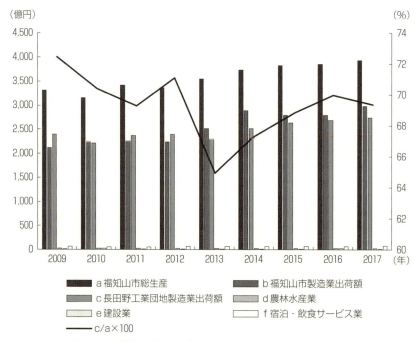

図3-7：福知山市総生産と福知山市分野別出荷額の推移
出所：『福知山市統計書』（昭和54年度—令和2年度）より筆者作成．

　産業従事者数は，第三次産業が第二次産業の2倍近くあるが，福知山市の生産の主力となる第二次産業においては，長田野工業団地における従業員の雇用が影響しており，福知山市の第二次産業従事者数を押し上げて推移している（図3-8）．

　2020年度の下請発注先の構成比の状況（発注企業（24社））については，資材の購入は7％程度であるが，下請については，24.4％と長田野工業団地の6割以上の24社が25％近い製造加工の下請は福知山市を中心に行われている．修理も含めた下請については，75.6％が京阪神への発注となっている．また，資材については，93％が京阪神からの購入が行われている（表3-9）．

　また，下請発注先の構成比率は，資材購入が約206億円で全体の約63％，製造加工が約102億円で約31％，修理が約19億円で約6％となっている（図3-9）．

第3章　企業誘致と動態的内発的発展論　85

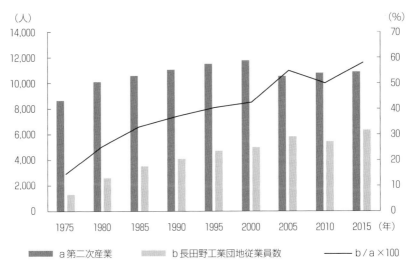

図3-8：福知山市第二次産業および長田野工業団地従業員数の推移
出所：『福知山市統計書』（昭和54年度―令和2年度）より筆者作成．

表3-9：下請発注先の構成比

（単位：千円）

区　分	下　請				資材の購入等	
	製造加工	修　理	計	下請率	資材の購入	購入率
福知山市	2,112,169	397,068	2,509,237	20.6%	1,023,280	5.0%
綾部以北の京都府	407,301	51,276	458,577	3.8%	359,819	1.7%
その他（京阪神）	7,723,818	1,473,131	9,196,949	75.6%	19,180,884	93.3%
計	10,243,288	1,921,475	12,164,763	100.0%	20,563,983	100.0%

出所：『令和2年度長田野工業団地の概況』より筆者作成．

　これらについて，製造加工に特化した推移をみると，当初の1983年の下請発注の全体額約50億に対して，福知山市等地元への発注は約24億で48.5％を占め，2003年頃までは50％近い比率で推移しており，京阪神への下請額に並んでいる（図3-10）．
　なお，2003年以降は，京阪神も含めた製造加工全体の発注額が減少しており，

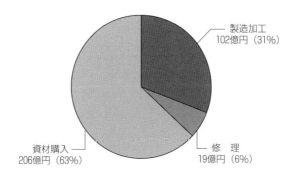

図3-9：長田野工業団地における下請発注等の構成
出所：『令和2年度長田野工業団地の概況』より筆者作成.

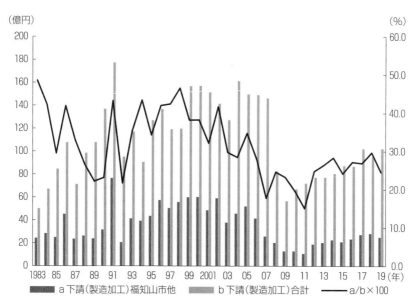

図3-10：長田野工業団地における下請（製造加工）の推移
出所：長田野工業センター提供資料より筆者作成.

日本の製造業の海外生産の推移をみても海外へのシフトが急速に展開されていることから，これに伴う影響と推察する（内閣府，2002）．

また，長田野工業団地における資材購入の推移をみると，1983年には，15.8％であったが，以降2009年までは5〜10％の推移である．但し，2003年は32.5％と大型の受注があったものと推測する．

加えて，2009年から2013年までは下請全体の資材購入の全体額が減少する中で，長田野工業団地の資材購入率は10〜25.6％であり，京阪神からの資材購入に頼るだけではなく，福知山市を中心とした長田野工業団地周辺からの資材調達が行われている（図3-11）．

長田野工業団地における下請発注（製造加工）の推移をみるかぎりは，京都府中北部の工業，産業の発展がみられないという課題に対して，京都府が長田野工業団地を整備し，地元企業との域内産業連携を図るための企業誘致の導入プロセスによって外部企業を選定し，中間支援組織が外部企業と地元企業の域内産業連関に結びつけた成果といえる．

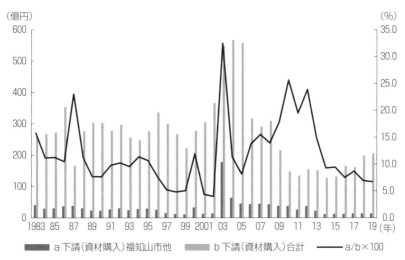

図3-11：長田野工業団地における資材購入の推移

出所：長田野工業センター提供資料より筆者作成．

製造に関する資材購入については，個々の企業・工場の求める多種の資材が考えられ，これらのオーダーに応えられる地元での資材調達が難しい中でも大きな発注があった．

福知山市総生産に占める長田野工業団地製造業出荷額の推移，福知山市の産業別の人口推移，福知山市人口と長田野工業団地従業員の推移等をみても長田野工業団地が福知山市に影響を与えている．

外来型開発では，地元雇用の創出に期待ができないとされており，地元雇用について，外来型開発の典型事例である堺・泉北臨海工業地帯と比較すると，最大の従業員をもつ新日本製鉄堺製鉄所の地元雇用（大阪府出身者）は，12.6％にとどまり，2番目に多い日立造船，3番目に多い三井東圧化学（現三井科学）ともに配転者が多く地元雇用にはつながっていない（中村，2004，pp.178-197）．

これに対し，長田野工業団地の地元雇用率が約85％であることからすれば，地元雇用に一定つながっている．なお，長田野工業団地と同様の内陸部の可児工業団地[27]では地元雇用率が約60％であることからみても長田野工業団地の地元雇用率は高いと言える[28]．

動態的内発的発展論の中間需要には付加価値である賃金を含むことから，長田野工業団地が地元雇用の機会を創出し，地域経済の発展に寄与している．

下請発注について，外来型開発の典型事例である堺・泉北石油科学コンビナートの委託生産比率と比較すると，長田野工業団地の下請発注（製造加工）が，設置当初は50％の推移で，現在も20％前後から30％近くで推移しているのに対し，堺・泉北の3業種（高炉による製鉄業，石油精製業，有機化学工業）の委託生産費総額は機械工業の0.4％程度である（中村，2004，pp.178-197）．

陳は，2013年の製造加工と修理の下請発注額によって，経済効果（立地企業の原材料調達，製造外注，設備工事支出，副資材，消耗品購入，運送関係支出，雇用従業員に対する支払い給与）については，長田野工業団地の企業から地元企業への発注率が低いと指摘している（陳，2017，p.71）．

しかしながら，これらの外来型開発の事例との比較をみても，長田野工業団地については，地元企業と誘致企業との一定の域内産業連関が図られ，福知山市に経済効果を与えていることがあきらかである．

この点については，本節の冒頭で示した松原の研究（松原，2014，pp. 95-99）

第3章 企業誘致と動態的内発的発展論　89

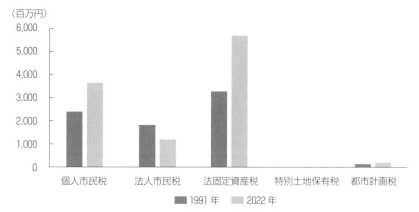

図3-12：税目別の市税比較

出所：福知山市提供資料より筆者作成.

からもそれらを裏付けることができるのではないだろうか.

　福知山市の税収における長田野工業団地の影響に概観すると，市税の構成としては，個人市民税，法人市民税，固定資産税が大宗を占めている（図3-12）[29].

　個人市民税に占める長田野工業団地の割合は，2022年時点で12％を超え，1991年の9％に対し30％以上伸びている.

　個人市民税総額自体が長田野工業団地の影響以上に伸びており，長田野工業団地が福知山市の税収に影響を与えつつも，サービス業をはじめとした個人市民税も伸びている（図3-13）.

　法人市民税に占める長田野工業団地の割合は，2022年時点で45％近く，1991年から1993年頃にかけてのバブルの崩壊の影響を受けつつも，1991年の27％に対し67％近く伸びており，法人市民税総額が長田野工業団地と連動した動きになっている（図3-14）.

　固定資産税は，バブルの崩壊（1991年から1993年頃）までは長田野工業団地以外でも土地開発が行われたため総額としては上昇したため長田野工業団地の固定資産税の比率は，2006年の市町村合併までは減少したが，その後25％程度での推移となっている（図3-15）.

　福知山市税における長田野工業団地の影響については，市税のなかでも割合の高い固定資産税において安定した税源となっている．また，法人市民税に占

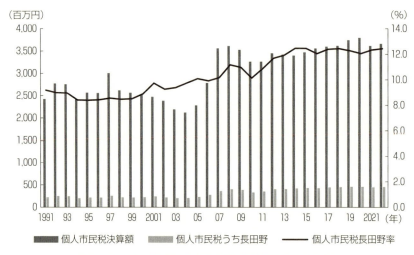

図3-13：個人市民税に占める長田野工業団地の割合
出所：福知山市提供資料より筆者作成．

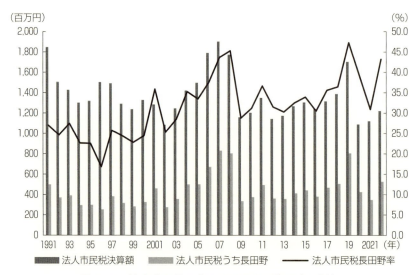

図3-14：法人市民税に占める長田野工業団地の割合
出所：福知山市提供資料より筆者作成．

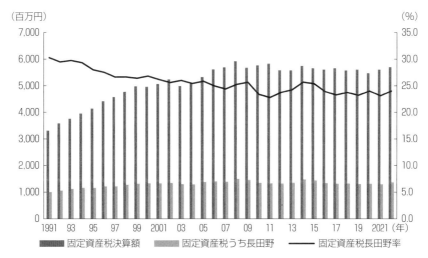

図 3-15：固定資産税に占める長田野工業団地の割合
出所：福知山市提供資料より筆者作成

める長田野工業団地の割合は高く，推移についても連動していることから長田野工業団地が法人市民税を牽引している．長田野工業団地の税総額としては2,000百万円を超えて推移していることから福知山市の安定した税収となっている．また，サービス業をはじめとした市民税総額の影響により市税総額としては増加傾向にある（図3-16）．

陳は，福知山市の産業別生産額も変動が少なく，2006年の合併以降漸減する傾向がみられ，地元経済の工業団地への高い経済依存度を併せてみると，工業団地を抜きにすれば，福知山市の経済は大幅に衰退していると指摘している（陳，2017，p.71）．

しかしながら，長田野工業団地による北部の振興を図ることを目的とした京都府の政策であり，50年という歴史のなかで，長田野工業団地を中心に福知山市の安定的な経済の基盤が築かれ，その上で福知山市の生活関連をはじめとした様々なサービス関連事業が順調に展開され，経済効果，雇用など福知山市の地域経済へ影響を与えていると言える．

福知山市に隣接し，1989年に第1期，1993年に第2期が整備された綾部工業

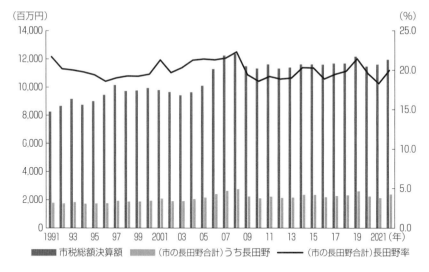

図3-16：市税総額に占める長田野工業団地の割合
出所：福知山市提供資料より筆者作成．

団地と2000年に整備された綾部市工業団地を有する綾部市と比較すると，綾部市の市税総額は，2002年に4,288百万円であったのが，リーマンショックが起こる前の2007年には4,966百万円になったが，リーマンショック後は減少し，2021年は4,450百万円と横ばいになっている．また，市税総額の大宗を占める市民税については，減少傾向にある．

福知山市の市税収入が増加の傾向があるのに対し，綾部市の市税収入は，綾部工業団地，綾部市工業団地を有するにもかかわらず，これらが市税の牽引につながっているとは言い難い（図3-17）．

第6節 分析結果

中間支援組織としての機能については，長田野工業センターも福知山企業交流会も，事業を直接おこなう団体に対して資金を提供するタイプのインターミディアリーとは異なる．

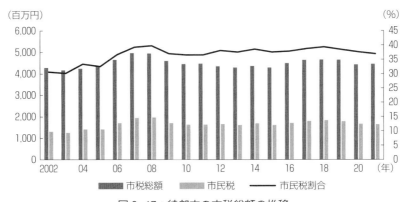

図3-17：綾部市の市税総額の推移
出所：平成14年～平成28年綾部市統計書および第7次綾部市業財政健全化の取り組みより筆者作成.

　また，マネジメント上の相談，コンサルティング，人材派遣，教育・研修をおこなう団体とすれば，工場長会等を中心に長田野工業団地内の研修等をおこなっていることから，長田野工業センターはMSOの要素を持つが，二つの中間支援団体が域内産業連関を目的に，長田野工業団地における共有する社会規範などの制度の整備，情報提供，ネットワーク化などを行っていることからすれば，インフラストラクチャー組織に近い機能を持っている．
　中間支援組織の役割として，アンカーテナントを地域に誘致することも重要な役割であるとされるが，長田野工業団地の事例の場合は事業主体である京都府がアンカーテナントを誘致し，長田野工業センターが管理運営をおこなうことで，域内産業連関を図り，地元貢献につなげている．
　具体的にどのような産業連関が行われているのかについて，アンケートおよびインタビューによる調査により，中間支援組織が誘致された外部企業と地元企業との介在によって域内産業連関が図られ，域内での内需（中間需要）につなげられる事例と，中間支援組織によって外部企業と地元企業を連携・創発し，新商品開発等のイノベーションが創出され外需（域外需要）に結びつき域外産業連関が生まれていることを事例により検証し，長田野工業団地が動態的内発的発展論の構造（量的拡大・質的発展）であることをあきらかにした．
　二つの中間支援組織の役割については，長田野工業センターが，工場長会等

をつうじて長田野工業団地内における価値観や行動様式を共有しており，福知山企業交流会は，福知山商工会議所における経営指導員をつうじて会員企業の価値観や行動様式を共有しており，これらをもとに長田野工業センターと福知山企業交流会によって外部企業と地元企業との具体的な交流マッチングなどが展開されている．

長田野工業団地内において，中間支援組織である長田野工業センターが長年にわたり，長田野工業団地の設置目的に沿って，誘致された外部企業間の価値観や行動様式に影響を与えていることから，企業同士の情報を共有する「工業団地特有の組織文化」が醸成されている．

また，福知山企業交流会においても，長年にわたり，外部企業と地元企業間との交流促進，企業相互の受発注を図るために，約1,000社の地元企業の経営指導や相談に取り組まれており，長田野工業センターと連携した事業を展開することにより長田野工業団地の組織文化がこれらの取り組みをつうじて福知山市内に共有されている（図3-18）．

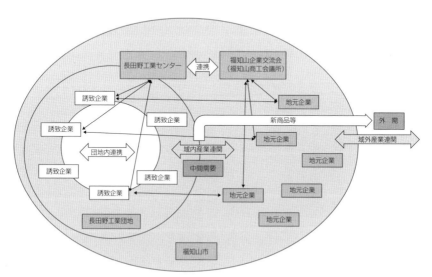

図3-18：中間支援組織による外部企業と地元企業との連携
出所：分析結果より筆者作成．

長田野工業団地については，京都府の政策をもとに事業が展開され，外部企業と地元企業による域内産業連関と，外部企業と地元企業との連携によってイノベーションを創出し，域外産業連関が生まれるためには中間支援組織の役割が大きいことが事例をつうじてあきらかになった．

注

1）　福知山市ホームページの記述にもとづく．

2）　詳細は岩松（2022a）参照．

3）　2021年2月5日京都府産業立地課へのインタビューによる．

4）　詳細は岩松（2022a）参照．

5）　2020年10月20日，長田野工業センターへのインタビューによる．

6）　福知山企業交流会ホームページの記述にもとづく．

7）　2020年11月27日，12月3日，2023年6月28日，福知山企業交流会へのインタビューによる．

8）　2020年9月から10月にかけてメール，電話によるアンケートを実施．

9）　2020年9月23日，E社へのアンケート結果，2020年10月8日，B社へのアンケート結果，2020年10月28日，C社，D社へのインタビュー，2020年10月26日，A社へのアンケート結果，2020年12月3日，L社へのインタビュー，2022年8月25日，A社への電話インタビュー，2022年8月26日，F社，G社，H社，I社，J社への電話インタビュー，2022年9月12日，K社への電話インタビューによる．本文では企業名は伏せ，A社，B社とアルファベットにて表記した．

10）　2022年3月15日，A社からのメール回答による．

11）　2020年10月から11月に実施したアンケート調査による．

12）　2023年6月28日，X社へのインタビューによる．

13）　2023年6月28日，A社へのインタビューによる．

14）　2022年8月25日，A社への電話インタビューによる．

15）　2023年6月28日，AD社へのインタビューによる．

16）　2023年6月28日，A社へのインタビューによる．

17）　中村（2004），p.88.

18）　2020年10月28日，C社，2020年12月3日U社へのインタビューによる．

19）　2022年8月26日，H社，J社，2022年8月29日L社への電話インタビューによる．

20）　2020年10月28日，C社，D社へのインタビュー，2020年10月26日，A社へのアンケート結果，2020年12月3日，U社へのインタビュー，2022年8月25日，A社への電話インタビュー，2022年8月26日，F社，G社，H社，I社，J社への電話インタビュー，2022年9月12日，K社への電話インタビューによる．

21) 福知山市ホームページの記述にもとづく.

22) 2021年2月5日, 2023年9月5日, 京都府産業立地課へのインタビューによる.

23) 2021年2月5日, 2023年9月5日, 京都府産業立地課へのインタビューによる.

24) 同上.

25) 2006年に, 三和町, 夜久野町, 大江町が福知山市に合併したため, 約13,700人の人口増加となっている.

26) 福知山市統計書では, 統計数値に従業者3人以下の事業所を対象としていないため, 長田野工業団地製造品出荷額が福知山市製造出荷額を上回っている場合が生じている.

27) 昭和49年に岐阜県が主体となって整備設置した長田野工業団地と同規模の内陸型工業団地であり, 輸送, 住宅, 産業, 電気機器他48の企業が入居. 2023年10月31日可児市への問い合わせによる.

28) 2023年9月19日, 可児工業団地協同組合への電話インタビューによる.

29) 2022年の法人市民税が1991年に比べて低いのは, 1991年から1993年頃にかけてのバブルが崩壊する以前の法人市民税が影響している.

第4章

ハイテク型地域開発政策と動態的内発的発展論
——京都リサーチパークを事例として——

　戦後日本の地域開発において，拠点開発方式に続く地域開発政策として，知識社会のもとでの1980年代のハイテク型開発政策による産業振興としてのテクノポリス構想が展開されたが，同構想はテクノポリスフィーバーに押し切られた結果，当初1か所の構想から，全国26地域まで拡大し，1985年末までにテクノポリス地域内には176か所もの工業団地が整備された.

　そのため地域間競争の激化によって売れ残った工業団地を抱え込む自治体も多く，当初めざしていた先端技術型産業の立地集積は期待通りには進まなかった．1998年にテクノポリス法は後の「頭脳立地法」とともに廃止され，「新事業創出促進法」に移行されたのち，2005年4月には「中小企業新事業活動促進法」に移行した（日本立地センター，2013）.

　国の中央集権的行財政機構のもとでの誘致外来型開発による画一的なハイテク産業の再配置による分工場誘致としてのテクノポリス政策は，地域と連関することなく事実上失敗に終わっているが，KRP地区は日本で初めての民間主導によるサイエンスパークであり成果を上げている典型事例とされている．テクノポリス圏域で建設されたサイエンスパークが地方自治体によって開発した公的ナショナル・テクノポリスであったのに対し，KRPによって建設・運営が行われている全国初の民間のサイエンスパークである[1].

　京都市の産業構造をみてみると，文化・観光産業とともに，西陣や友禅などの和装産業をはじめとする中小・零細の伝統産業の比重が大きく，これらの繊維産業は戦争で大きな打撃を受け，製品の多様化や高級品化で業界の生き残りが図られてきたが，和装品に対する需要の減退や安い外国製品の輸入という構造的な要因によって，京都の産業構造での比重を下げている（井ヶ田・原田，1993，pp.296-300）.

　京都の伝統産業は，陶磁器や金属工芸品，酒造なども含め，コンピューター

やハイテク技術を導入し，新製品の開発や省力化による活路を見出す一方で，1970年には機械・金属などの近代工業が繊維産業を出荷額で凌駕している（井ヶ田・原田，1993，pp.296-300）．

また，京都は，ハイテク産業やベンチャー・ビジネスのメッカでもあり，戦前の島津製作所，日本電池，オムロンをはじめ，戦後には京都セラミック，堀場製作所，ローム，日本電産，ワコール，任天堂，村田機械，大日本スクリーン，村田製作所等々の新興企業が先端技術の研究開発に成功し，それぞれの専門分野で有数の企業に成長しており，これらのベンチャー輩出には，地元の金融機関が資金面で果たした役割も大きい（井ヶ田・原田，1993，pp.296-300）．

京都セラミック，オムロン，ワコールなど，大企業に成長したベンチャー・ビジネスや京都経済同友会のグループからなる「近代派」は，各種の開発制限や将来構想を活発に提起し，保守転換後の京都府・市政に対する影響力を増大させた．財界主流による京都改造の基本戦略は，先端技術開発やベンチャー・ビジネスを軸に，都市再開発や大規模工業立地，高速道路などの建設計画を推進し，京都府南部の学研都市構想などが具体的な契機となっている（井ヶ田・原田，1993，pp.296-300）．

KRP地区は，京都経済が低迷する中で，大阪ガスのガスタンク跡地の利活用で，同社と地元経済界，自治体の「京都活性化への転換と次世代産業の育成」の政策合意により整備された．入居企業・団体の持続的な増加，入居企業・団体から安定的なテナント料収入によって管理運営会社であるKRPが事業体として安定した経営基盤による典型事例とされている[2]．しかしながら，KRP地区についての典型事例とされる要因についての研究はこれまで行われておらず，外部企業と地元企業との連携によって，イノベーションの創出につながっているかどうかに着目する必要がある．

本章では，基本となる政策とその展開，中間支援組織の役割と機能，動態的内発的発展論を手掛かりとした中間支援組織による外部企業と地元企業との域内産業連関につながること，中間支援組織による地元企業と外部企業との連携の促進からイノベーションが創出され域外産業連関がうまれていること，中間支援組織による地区内の組織文化の醸成されていることを分析項目としあきらかにする．

第1節　KRPによる地域開発

1　KRPの概要

　KRP地区は，大阪ガス京都工場のガスタンク跡地（9.6ha）に，1984年に大阪ガス株式会社が企図した「跡地の京都活性化への転換」と地元経済界が希望する「京都を支える次世代産業の育成」が一致し，米国のUCSCをモデルに，大学や研究機関，公的産業支援機関と連携する全国初のサイエンスパークとして1989年に設立された（西谷，2020，p.8）.

　大阪ガスに加えて産業界，国・地元自治体，大学関係者によって次世代型産業振興拠点とする構想が検討され，その結果公的産業支援機関を誘致するとともに，大学の研究成果を産業界に移転する仕組みや場を作ることが重要であるとして，産学公連携を中心とした研究開発型企業やベンチャー企業を輩出するサイエンスパークを建設することが決定された（鈴木，2017，pp.270–272）.

　KRPは，Daigasグループ大阪ガス都市開発（株）の100％出資により，2021年9月時点で91人の従業員でサイエンスパークの開発・運営が行われており，18棟の施設がビジネス拠点とし，オフィス，ラボ，会議室，データセンターなどを整備するとともに，多様なイベントや交流会，ワークショップ等の企画による交流の機会を提供している.

　また，KRP地区は，公的産業支援機関である行政政策の展開の場でもあり，オール京都が掲げるビジョンにもイノベーションを誘発する産学公連携の重要な機関として位置づけられ，約500の組織が入居し，約6,000人が就業している（図4–1）.

　KRP地区では，京都経済が低迷する中で，大阪ガスと地元経済界，自治体の政策合意により整備され，その上で，マルチメディアやIT業界では重要とされる人材の確保に着目し，誘致企業間あるいは地元企業との産業連関を図るための核となる企業（アンカーテナント）を誘致する戦略がとられている.

　1995年の設置当時は，長引く不況に加えて阪神淡路大震災や地下鉄サリン事件が起こったことから社会不安が広がり，1994年度に完成した4号館のテナントが入らないという経営危機に直面した.　そのため，マルチメディアやITの

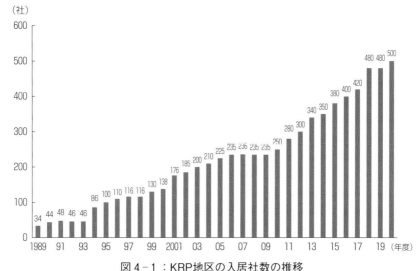

図4-1：KRP地区の入居社数の推移

出所：KRPホームページより筆者作成．

世界では人材の力がポイントとなることから，数多くの新興マルチメディアベンチャーを誘致する人に着目した戦略によって企業誘致が行われた．

具体的には，株式会社エアニック・インターナショナル（京都市）の松川恵一，CG開発の先端を走っていたアンフィニ・エンタテイメント・テクノロジー（東京）の中村一，内田洋行（東京）の武幸太郎らを中心としたユニットである「デジタルメディア京都」(DMK)を設置して，デジタルクリエーター向けのカンファレンスや塾を断続的に開くなどアンカーテナントを誘致する戦略がとられた．[4]

公表されている入居企業である外部企業は174社であり，KRP地区で創業した企業を除く外部企業は71社で全体の43%を占める．業種別では，医療・健康・化学・バイオ，電機・電子・半導体，機械・装置・器具およびインターネットサービスの外部企業割合については，60～70%前後と外部企業が総じて高くなっている（表4-1）．

2　KRP地区の機能整備の展開

　KRP地区は，京都市内という利便性のある9.6haのエリアに段階的な整備が

表4-1：KRP地区における京都企業，KRP創業企業，外部企業の入居状況

（単位：社）

項　目	全　体	京都市企業	京都府下企業	KRP創業	外部企業
医療・健康・化学・バイオ	27	10	0	1	16
	100%	37%	0%	4%	59%
電機・電子・半導体	13	3	2	0	8
	100%	23%	15%	0%	62%
機械・装置・器具	25	6	1	4	14
	100%	24%	4%	16%	56%
インターネットサービス	10	3	0	0	7
	100%	30%	0%	0%	70%
企画・営業・サービス	14	3	1	4	7
	100%	21%	7%	29%	50%
システム開発	31	12	0	11	8
	100%	39%	0%	35%	26%
Web制作	8	4	1	1	3
	100%	50%	13%	13%	38%
コンサルティング	21	7	0	7	7
	100%	33%	0%	33%	33%
展示・ディスプレイ	2	1	0	0	1
	100%	50%	0%	0%	50%
デザイン・印刷	3	3	0	0	0
	100%	100%	0%	0%	0%
建築・設計・土木	9	6	0	3	0
	100%	67%	0%	33%	0%
通信インフラ	3	1	0	2	0
	100%	33%	0%	67%	0%
貿易・物流	2	2	0	0	0
	100%	100%	0%	0%	0%
大学・研究施設	3	2	0	1	0
	100%	67%	0%	33%	0%
不動産・ビル設備	3	0	0	0	3
	100%	0%	0%	0%	100%
計	174	63	5	34	74
	100%	36%	3%	20%	43%

※KRPのHPで公開されている企業・団体から作成（2023年5月20日現在）
※京都市に本社がある企業を「京都市企業」，府下に本社がある企業を「京都府下企業」，KRPでの創業した企業を「創業企業」，その他を「外部企業」とした．
出所：KRPのHPより筆者作成．

行われている.

1989年に, 1号館, 2号館が建設され, 公的産業支援機関である京都府中小企業センター, 京都市工業試験場 (2010年に, 京都市産業技術研究所として改組), 京都高度技術研究所 (Advanced Science, Technology & Management Research Institute of Kyoto 以下「ASTEM」) が建設され, 第1段階のインキュベート施設, 公的産業支援機関が集積されている.

これまで, 医療・健康・化学・バイオに関連する化学・医療・新素材の研究開発用ラボ, マルチメディアソフト, コンピュータシステムの開発用ラボ, ベンチャー企業から大企業までが事業規模に応じて幅広く対応ができるオフィススペース等の機能整備が段階的に行われている (表4-2).

さらに, 11号館の建設, 島原から西本願寺までの歴史的街並エリアの産業振興用途へ活用, 京都市中央卸売市場周辺エリア, 梅小路・新駅エリアといったKRP地区周辺の開発が進められている[5].

また, KRPは, 京都市域が約40の大学・短大が集まる全国有数の学園都市であるという京都の地の利を生かした産学交流事業として, 京都大学など約20の大学, 約千人の研究者の研究テーマを網羅したデータベースをもとに, 企業が抱える研究ニーズを大学にあっせんする「KRP産学共同システム」を1994年からスタートさせている (日本経済新聞社, 1998, pp.27-30).

第2節　KRP地区における中間支援組織

KRP地区には, 中間支援組織であるKRPと公的産業支援機関である中間支援組織 (京都市産業技術研究所, 京都府産業支援センター, ASTEM) の四つの中間支援組織とこれらの中間支援組織を補完する公的産業支援機関 (科学技術振興機構京都事務所, 京都発明協会) が集積されている.

京都市産業技術研究所は, 京都染色講習所, 陶磁器試験所, 旧西陣織物染色試験場を原資とした京都市染色試験場の再編統合により創設され, 西陣織, 京友禅, 京焼・清水焼をはじめとした伝統産業分野に対する試験分析や加工技術開発の支援, 多様な先進産業分野における研究と技術開発など, これまで京都を支えてきた伝統産業と近代工業という地域の多様な領域のものづくり産業に

表4-2：KRP地区の機能整備等の展開

年　度	内　容
1989年	大阪ガスによる「跡地の京都活性化への転換」企図
1989年	京都リサーチパーク設置，東地区1，2号館完成
1993年	ラボ3号館（医療，健康，化学，バイオに関連するラボ）完成
1994年	ラボ4号館（コンピューターシステム開発用）完成
1995年	インターネットの利用環境整備
1997年	スタジオ棟完成
1998年	関西TLO設立
2001年	データセンター，9号館完成
2005年	7号館完成
2006年	8号館完成
2007年	（京都府中小企業応援条例設置）
2010年	9号館完成
2011年	KISTIC完成
2013年	（京都の未来を考える懇話会による「京都イノベーションベルト構想」への位置付け）
2016年	KRP BIZ NEXT完成
2016年	（HVC KYOTO開催）
2016年	（京都市産業戦略ビジョン設置）
2018年	たまり場@KRP設置
2019年	miyako起業部@KRP設置
2020年	梅小路京都西駅再開発
2021年	10号館完成
2022年	北大阪健康都市へシェアラボ開業

出所：KRPのHPより筆者作成.

ついて技術研究をつうじての支援や地域産業とともに研究開発が行われている．

　また，京都府中小企業技術センターは，中小企業が自社だけでは対応が困難な技術開発等に関する技術支援をおこなう京都府中小企業技術センターと中小企業や創業予定者の経営支援をおこなう公益財団法人京都産業21がさらに連携を深めることで，京都府内中小企業の経営・技術に関するワンストップサービスによる支援をおこなうために両機関の一体的な運営がおこなわれている．

加えて，ASTEMは，京都府，京都市，産業界の出捐により設立され，ICT，ライフサイエンス，環境等の諸分野で産学公連携による研究開発や事業化を推進し，ベンチャー企業・中小企業に対する新事業創出，販路拡大などの総合的な支援が行われている．

中間支援組織を補完する公的産業支援機関として，科学技術振興機構は，国の科学技術基本計画の中核を担う機関として，国家レベルでの国内外の大学，研究機関，産業界での連携により，社会の持続的発展に寄与し，京都事務所が設置され，ASTEMをはじめとした研究機関等とのネットワークが構築されている．

また，京都発明協会は，1901年に設立された「京都発明奨励会」から，2010年に一般社団法人として設立され，産業財産権に関わる特許情報の調査・分析の相談・指導，特許等の出願から権利化までの相談，権利の活用相談等の支援事業が展開されている．

京都府知的財産総合サポートセンター事業では，知財アドバイザーによる，発明・考案・意匠・商標等の知的財産相談会1,468件（1,222人），弁理士・弁護士による知的財産相談会125件（106人），オンラインセミナー・講習会・相談会等が実施されている[6]．

京都発明協会によって，KRP地区内での，研究開発，技術開発の成果を専門的な見地から産業財産権である知的財産に関する相談・指導，発明奨励などの支援が行われている．

これらの中間支援組織をKRPが中心となって，公的産業支援機関である中間支援組織の相互の連携を促進することで，京都における伝統産業から先端産業まで幅広い支援が行われている（表4-3）．

また，それぞれの中間支援組織には，複数のコーディネーターが配置されており，これらが相互に連携している．

1　KRPおよび公的産業支援機関の連携

KRP地区においては，KRPおよび公的産業支援機関との相互連携がとられており，入居企業はもとより，伝統産業から最先端産業までの地元企業がワンステップでサービスを受けることが可能となっている．

第4章　ハイテク型地域開発政策と動態的内発的発展論　　*105*

表4-3：KRP地区における中間支援組織

			名体団	設置年	目　的	主な支援活動
中間支援組織	公的産業支援機関		京都リサーチパーク	1989年	・産学公連携を中心とした研究開発型企業，ベンチャー企業の育成支援	・起業家，研究者などの交流連携，プレイヤー同士の新結合に必要な交流機会，イノベーション創発のためのネットワーク構築
			京都市産業技術研究所	2010年	・伝統産業から先進産業まで，地域企業を技術面から支援	・技術相談，伝統産業の後継者育成・技術者養成研修，共同研究・受託研究
		京都府産業支援センター	京都府中小企業技術センター	1942年	・中小企業の技術力向上の支援	・技術支援，研究会・セミナーによる人材の育成，企業のニーズに応えた研究開発や産学公連携の推進等企業支援等
			京都産業21	2001年	・京都企業の事業活動の発展と京都産業の振興	・産学公の連携による中小企業の経営革新，新事業展開，新産業育成，創業，企業のIT化推進等
			ASTEM（京都高度技術研究所）	1998年	・ICT，メカトロニクスを活用した先端科学技術の振興と地域社会の発展	・ICT，ライフサイエンス，環境等の研究開発や事業化，ベンチャー企業・中小企業に対する新事業創出，販路拡大などの総合的支援
補完機能	公的産業支援機関		JST（科学技術振興機構）京都事務所	2003年（JST）	・科学技術の振興	・国内外の大学，研究機関，産業界の連携等
			京都発明協会	1901年	・発明の奨励，知的財産権制度の普及啓発等による科学技術の振興	・産業財産権に関わる特許情報の調査・分析等相談支援

出所：KRP，京都市産業技術研究所，京都府産業支援センター，ASTEM，JST京都および京都発明協会のHPより筆者作成.

　これらの公的産業支援機関は，KRP地区の入居している外部企業と地元企業との域内産業連関を図る中間支援組織の役割を果たしている．KRP地区では，これらの中間支援組織同士が，中小企業等の技術・研究開発等の相談・支援に関して定例的な情報交換会やKRPが中間支援組織ごとに担当者を置き，日常的に連絡調整，コミュニケーションが取れる体制がとられている．

　京都市産業技術研究所によれば，KRPが中心となって，公的産業支援機関の情報交換会，定例会等の開催によってネットワーク化が図られており，とくに研究や技術分野では，公的産業支援機関同士の相互の連携や補完することによって利用者ニーズに対応している[7]．

　たとえば，中小企業庁の戦略的基盤技術高度化支援事業では，京都大学と立命館大学の2校を除き，ASTEMのみが京都の事業管理機関となっており，

ASTEMを中心にKRP内の公的産業支援機関が連携し当該事業を活用してい
る[8]．この事業が採択された場合の効果として，当該企業の6～7年後の売上高
が約20億円，付加価値が約3億円増加することが確認されている[9]．これらの事
業をKRPおよび公的産業支援機関が連携や補完し展開することによって，中
小企業等の成長支援が行われている[10]．

　これらの取り組みは，KRP地区の30年という歴史のなかで培われており，
ネットワーク化が図られることによって入居である外部企業と地元企業との
マッチングが行われており，インキュベート施設では，企業をサポートするコー
ディネーターが配置され，ベンチャー企業をはじめとした入居している外部企
業同士のマッチング，外部企業と地元企業とのマッチングが行われている[11]．

2　サイエンスパークにおける公的産業支援機関の設置状況

　先に述べたようにKRP地区には，KRPおよび5つの公的産業支援機関が集
積されている[12]．

　日本サイエンスパーク協会会員9団体における公的産業支援機関の設置状況
については，会員9団体のうちかながわサイエンスパークのみが県立産業技術
研究所を設置しているだけで，他のサイエンスパークには公的産業支援機関が
集積されていない（表4-4）．

　他のサイエンスパークが公的産業支援機関を持たない単独の研究支援機関あ
るいは貸館にとどまっているのに対し，KRP地区は，京都府，京都市，経済
界等との連携をもとに，複数の公的産業支援機関が集積されている．

3　KRP地区におけるコーディネーターの役割

　京都市の産業政策では，自治体が効果的に政策を展開するためには，地元企
業の実情とニーズを把握している産業支援機関との協働が不可欠であるとして
おり，その上で，産業支援機関には，産学・産産連携などのマネジメントや技
術開発，経営，金融などのアドバイスには高い専門性を持ったコーディネーター
が重視されている（森永，2023, pp.142-143）．

　コーディネーターは自治体に比べて機動性を持ち，長期的な雇用であること
から企業との関係性がより構築され，課題の抽出も比較的早いというメリット

表4-4：サイエンスパークにおける公的産業支援機関の設置状況

団体名	公的産業支援機関	備考
かながわサイエンスパーク	県立産業技術総合研究所	
つくば研究支援センター	―	
久留米リサーチ・パーク	―	
恵庭リサーチ・パーク	―	
高岡テクノドーム	―	
豊橋サイエンス・クリエイト	―	
東京ビックサイト	―	
尼崎リサーチ・インキュベーションセンター	―	近畿高エネルギー加工技術研究所（AMPI）が隣接
けいはんな学研都市	―	国際高等研究所等研究所等の研究所が近接

出所：日本サイエンスパーク協会会員団体HPより筆者作成.

がある.

　KRPにおけるコーディネーターの選定については，資格の重視ではなく，企業で豊富な経験が積まれ社会貢献意識が高い方，大手企業から中小企業に再就職するなど中小企業の目線視線でのコーディネートや社会貢献へ高いマインドを持っていることが要件とされている.

　KRPでは，技術・研究などの支援や相談をはじめ産学連携，産産連携，産学公連携などを推進するために経験豊富な人材や有資格者であるコーディネーター22人[13]が配置されており，ものづくり，サービス，創業支援などのコーディネートをおこなうとともに，入居企業に対しては，インキュベートマネージャーのライセンスを取得したコーディネーターと事業推進担当によって地元企業等との技術開発・事業化等のマッチングが行われている[14].

　京都市産業技術研究所では，常勤職員70人のうち54人が研究職員であり，技術・ものづくりを中心とした課題解決に関わることが多いことから，他機関との連携・関係づくりを業務の中心に据えて連携・協業を推進する研究職員5人をコーディネーターとするアライアンス推進担当が設置されている[15].

　ASTEMでは，企業OBをはじめ，技術士・情報処理技術者・一級建築士・

薬剤師・税理士・キャリアコンサルタント・中小企業診断士などの有資格を持った コーディネーター30人（桂イノベーションセンター5人を含む）が設置されている． また，弁護士，弁理士，行政書士をはじめとした有資格者51人（登録者数）の 専門家派遣が行われ，豊富な経験を活かし，産学連携，産産連携，医療連携， インキュベートにおけるベンチャー企業の成長支援，ライフサイエンス分野， バイオ関連等が取り組まれている[16]．

京都府中小企業総合センター（京都産業21）では，企業OB等による雇用支援 のコーディネーター10人，後継者育成・事業承継のコーディネーター10人，中 小企業診断士等の有資格者のコーディネーター6人，中小企業診断士など様々 な相談・支援・マッチングをおこなうよろず支援13人の計39人のコーディネー ターが設置されている[17]．KRP地区には，全体で約150人のコーディネーターが 設置されている（表4-5）．

KRP地区では，KRPおよび公的産業支援機関のコーディネーター同士での 情報共有を行い連携しながら，伝統産業から最先端産業までの京都産業の支援 を行い，入居している外部企業と地元企業とのマッチングをおこなうことで域 内産業連関が図られている[18]．

4 サイエンスパークにおけるコーディネーターの設置状況

日本サイエンスパーク協会の会員団体である9団体にコーディネーターの設 置状況についての電話インタビューを行ったが，コーディネーターを設置して いない団体が4団体であり，設置していても1～2人を設置にとどまる．

KRP地区におけるコーディネーターの設置は他のサイエンスパークに比べ て充実しており，コーディネーター同士が連携をおこなうことで幅広くきめ細 やかな支援が図られている（表4-6）．

第3節　KRP地区における中間支援組織の役割と産業連関事例

1　KRPの中間支援組織としての役割

KRP地区では，これらの中間支援組織がネットワークを図っており，公的 産業支援機関のトップ同士の情報交換会や担当者同士での定例の情報交換会の

表 4 – 5 ：KRP地区におけるコーディネーター設置の状況

団体名		名称	人数	経歴・資格等	内容
京都リサーチパーク		コーディネーター	22	企業OBと現役（ライセンス取得者）※宇治（2人）と八尾市（12人）に常駐	ものづくり系，サービス，創業支援など
		計	22		
京都市産業技術研究所		アライアンス推進担当	5	・理事・監事を除く常勤職員70名の組織で，うち54名が研究職員．研究職員の中で，産総研イノベーションコーディネーター等で構成するアライアンス推進担当	・技術にとどまらず，金融・経営・販路開拓・マッチングなど他の企業や支援機関との橋渡し
		計	5		
京都府産業支援センター	京都府中小企業技術センター	コーディネーター	0	—	—
		計	0		
	京都産業21	コーディネーター	26	企業OB，中小企業診断士等	雇用支援，後継者育成・事業承継，副業・兼業関係等
		よろず相談員（国事業）	13	京都商工会議所OB，企業OB，中小企業診断士，消費生活アドバイザー，社会保険労務士，第1種衛生管理者，乙種危険物取扱者ほか	・幅広い人脈を構築しネットワークを活かし施策策定，産業振興業務，中小企業商品開発・品質，環境対策，コンサルタント，商品開発
		計	39		
ASTEM（京都高度技術研究所）		コーディネーター※桂イノベーション5を含む	30	・企業での医療連携等の経験者，営業・流通・販売戦略経験者，企業・NPO・大学・行政機関でのコーディネーター経験等	・医療連携，営業，流通・販売戦略経験者，企業・NPO・大学・行政機関でのコーディネート等
		専門家派遣	51	・弁護士，弁理士，行政書士，ファイナンシャルプランナー（AFP），特定侵害訴訟代理業務付記，宅地建物取引主任者，キャリアコンサルタント　2級キャリアコンサルティング技能士（以上　国家資格）ファイナンシャル・プランナー（AFP），産業カウンセラー，心理相談員，メンタルヘルス法務主任者	・法務5，知的所有権10，創業・ベンチャー19，株式公開1，財務・税務13，資金調達5，労務・人材開発6，国際ビジネス2，経営（商業）9，経営（工業）4，販売戦略14，経営戦略15，情報システム7，環境管理3，品質管理・ISO4，生産管理5，技術（機械）1，技術（化学）3，デザイン4，その他13　※重複あり
計			81		
合　計			147		

出所：各団体への電話インタビュー等により筆者作成．

表4-6：日本サイエンスパーク協会会員団体におけるコーディネーターの設置状況

団体名	人数	経歴等	業務内容
かながわサイエンスパーク	0	―	―
つくば研究支援センター	2	・民間OB（開発），研究機関OB	・企業マッチング等
久留米リサーチ・パーク	4	・民間OB（開発，銀行），研究機関OB（医療，バイオ等）	・ものづくり関係，バイオ関係支援等
恵庭リサーチ・パーク	0	―	―
高岡テクノドーム	0	―	―
豊橋サイエンス・クリエイト	8 ※委託契約で曜日毎	・会社経営者，中小企業経営者，学生経営者	・企業マッチング等
東京ビックサイト	0	―	―
尼崎リサーチ・インキュベーションセンター	1	・民間OB（ものづくり系）	・ものづくり関係支援等
けいはんな学研都市	2	・民間OB（IT系，ものづくり系）	・入居企業の支援，交流会開催等

出所：日本サイエンスパーク協会会員団体への電話インタビュー等により筆者作成.

開催をはじめ各機関にKRPの担当者を配置していることなどトップから若手までの日常的なコミュニケーション，情報共有，連携が行われている.

　また，KRPのインキュベート施設の役割として，ベンチャー企業をはじめとした入居企業を日常的にサポートするコーディネーターを配置し，地元企業と入居企業とのマッチング，入居企業同士のマッチング等が行われている[19].

2　KRP地区の中間支援組織による産業連関事例

　本書では事例については，中間支援組織による入居企業である外部企業と地元企業との取引事例等から域内産業連関が図られていること，また，中間支援組織による外部企業と地元企業の連携事例から新商品等のイノベーションの創出，域外産業連関につながる事例を示すこととした.

（1）　KRPによる産業連関事例

　KRPによる外部企業と地元企業との事例として，たとえば，製薬系の企業から入居企業で薬の原料の加工を研究する研究開発企業とのマッチング，食品系の企業食品系から食品に関する研究開発企業とのマッチング，機材関係の企業から製造系の研究開発をおこなう企業やメーカーとのマッチングなど年間十数件のマッチング・コーディネートが行われており，このなかから新商品開発や取引につながっているものもある[20]．

　また，KRPに京都職人工房事業として，外部企業と地元企業（毎年40人程度の京都の伝統産業の職人）との連携が専門のコーディネーターによって行われている．たとえば，外部企業と地元企業である職人によって伝統工芸品の新商品開発が行われていることや東映太秦村のエヴァンゲリオンと地元企業である西陣織のコラボ商品として御朱印帳やオリジナルポーチなどの新商品開発が行われ外需（域外需要）につなげられている．そのほか，KRP地区において，地元企業（職人）とデザイン・ファッション，テキスタイル・ブランド等の外部企業との交流会の開催や京都のデザイナーの紹介，百貨店等からのビジネスマッチング（職人斡旋等）などの連携が行われている[21]．

　KRPのコーディネーターによって，外部企業と地元企業との取引等が行われ，域内産業連関につなげられているものや外部企業と地元企業との連携によって，外需（域外需要）につながる新商品等の開発が行われて，域外産業連関につなげられているものもある（表4-7）．

（2）　京都市産業技術研究所の中間支援組織としての役割

　京都市産業技術研究所では，京都の伝統産業と近代工業を，産学公連携を基本に京都の産業界をものづくり技術によって，地域企業をものづくりの側面から支え，その力を高め，新たな価値を創造し，地域産業の発展を促すための試験分析・研究開発・人材育成・技術支援指導などが行われている[22]．

　2010年に伝統産業等の研究所の組織の再編統合によって京都市産業技術研究所が創設され，伝統産業分野に対する試験分析や加工技術開発の支援と先進産業分野における研究と技術開発，ものづくり分野の中小企業，伝統産業の技術支援，研究等に必要な設備機器配備や人材育成などが行われている．

表4-7：KRPのマッチングによる新商品開発等の事例

項目	内　　容
新商品等	マッチングコーディネート（年間数十件） ・製造系企業×入居企業（薬の原料の加工を研究する研究開発企業） ・食品系企業×入居企業（食品に関する研究開発企業） ・機材関係企業×入居企業（製造系の研究開発を行う企業やメーカー） ・その他の企業×入居企業 京都職人工房（KRP） ・地元企業（京都の伝統産業の職人）×入居企業 　→伝統工芸品の新商品開発 ・東映太秦映画村エヴァンゲリオン×西陣織関係 　→御朱印帳やオリジナルポーチなど西陣織の新商品開発
その他	・職人とデザイン・ファッション，テキスタイル・ブランド等の京都外企業との交流会開催
	・京都のデザイナーの紹介，百貨店等からのビジネスマッチング（職人斡旋等）など

出所：KRPへのインタビューにより筆者作成.

　同研究所は，各種業界で設立された10の研究会[23]の事務局を担っており，2020年度の工業統計調査による京都市内の製造業総数2,067事業所のうち約36％の伝統産業から先進産業まで約740社の企業との交流連携を図ることができる仕組みが構築されている[24].

　京都市産業技術研究所のコーディネーター（アライアンス担当）によって入居している外部企業と地元企業との域内産業連関が図られている．加えて，京都市産業技術研究所には10の研究チームが組織され[25]，コーディネーターによって，研究チームと入居している外部企業，地元企業との域内産業連関が図られている．

（3）京都市産業技術研究所における産業連関事例

　京都市産業技術研究所では，コーディネーター（アライアンス担当）の仲介によって，伝統産業をはじめとした地元企業と外部企業およびKRP地区の入居団体としての京都市産業技術研究所との共同研究が行われ，これまで34の特許が取得されている．

　特許のうち商品化に至ったものは，たとえば，西陣のフクオカ機業との研究

により，染色性・意匠性に優れた複合繊維織物や凹凸の少ない複合繊維織物の製造を可能にし，自動車内外装材への炭素繊維紋織物の製品開発，ゴルフシャフトや釣竿などのスポーツ分野への利用拡大，バッグ用素材の活用分野の拡大につなげられているなど新商品開発から外需（域外需要）に結びつき域外産業連関が図られている．

　化成品医薬品複合商社の長瀬産業との研究により，印捺物の製造方法等を発明し，染料を含む乾式トナーを布等の基材に静電的に転写する際に良好な転写により，京都の風呂敷等企画製造卸である宮井（株）において実用機を導入し，新たな製品化が行われるなど域外産業連関が図られている（表4-8）．

　そのほか，特許によるものではないが，京都の着物・帯の制作をおこなう今河織物株式会社と製織システムチームによる機装置の改良により，片側紗風通

表4-8：京都市産業技術研究所の特許による商品化等

番号	出願年月日 登録年月日	共同開発者	発明の名称	発明内容	商品化等
6	2010年1月14日 2014年2月28日	（有）フクオカ機業 本社：京都市 事業：西陣織生産開発	炭素繊維と絹繊維の複合繊維織物およびその製造方法（米国特許）	・紋様組織部分に適宜の色を染色や図柄を染色することができ，染色性・意匠性に優れた複合繊維織物を得ることや凹凸の少ない平坦な複合繊維織物を製造することなどができる．	・自動車内外装材への採用に向けた意匠性の高い炭素繊維紋織物の製品開発・ゴルフシャフトや釣竿などのスポーツ分野への利用拡大・バック用素材の活用分野の拡大
8	2009年12月16日 2014年8月5日	長瀬産業（株） 本社：東京，大阪 事業：化成品医薬品複合商社	印捺物，捺染物の製造方法，印捺装置および捺染システム	・印刷物の製造方法，染料印刷物の製造方法，印刷装置および染料印刷システムにより，染料を含む乾式トナーを布等の基材に静電的に良好に転写するすることができる．	・実用機を導入した宮井（株）（本社京都市：風呂敷等企画製造卸）において新たに製品化
16	2013年1月25日 2016年7月15日	三和化工（株） 本社：京都市 事業：発泡体生産開発	架橋ポリエレフィン系発泡体の製造方法	・臭気や金属製腐食性，ガラスを曇らせる恐れのない高倍率のポリエレフィン系発泡体を提供することができる．	・アンモニアや有機分解残道の発生しない無機発砲剤を用いた発泡体の試作に成功，今後の事業展開として，高耐性ポリオレフィンフォームの製造技術の確立等

出所：京都市産業技術研究所HPより筆者作成．

織物を製織することができる技術を開発し，意匠性の高い製織技術を応用し，自社製品の高度化に利用することや佐々木化学薬品株式会社と金属系チームの共同開発により金属材料の表面をコーティングしている硬質皮膜を，従来品よりも短時間で除膜できる除膜液を開発し，切削工具や金型を製造する金属材料メーカーや硬質皮膜を被覆するコーティングメーカーを中心に，幅広い業種への事業展開などの新たな商品開発等が行われ，域外産業連関につなげられている（表 4 - 9）[26]．

　また，京都市産業技術研究所では，伝統工芸で使われる漆に関して，地元企業である京都の漆業者と連携し，K 大学と連携した独自の技術研究を行っており，寺社仏閣など屋外でも使える漆が研究開発されている[27]．

　加えて，社会福祉法人京都ライトハウス，京都府立盲学校など京都の視覚障害施設と地元京都の酒造メーカーから派生した印刷会社と連携し，厚盛印刷という京都独自の凹凸ある酒ラベルの技法による点字と特殊点字を読み取り音声案内ができる特殊ペンを開発する東京を本社とする企業との連携により，触地図を開発し，観光都市京都での二条城と京都府立植物園における視覚障害者への音声ガイドによるユニバーサルツーリズムが行われている[28]．

　伝統工芸についての最先端の技術研究をおこなうことにより，その成果が京都の寺社仏閣などに活用され，建造物の見栄えや耐久性の向上や従来は酒のラベルというデザインとして使われていた京都の伝統的な技法を点字・特殊点字という新たな開発への転用と，最先端の点字読み取りが可能な音声ガイド付きの特殊ペンを活用することにより，視覚障害者へのサービスにつなげられている．

　京都市産業技術研究所においては，コーディネーター（アライアンス担当）により，伝統産業から最先端産業までの共同研究等によって地元企業と外部企業との域内産業連関を図ることや新たな商品開発，生産性の向上などのイノベーションを創出することで外需（域外需要）をうみ，域外産業連関につなげている．

（4）京都府産業支援センターの中間支援組織としての役割

　京都府産業支援センターは，京都府内中小企業の経営・技術に関するワンストップサービスでの支援事業が展開されており，京都府中小企業技術センターでは，工業系の公設試験研究機関として，試験分析などの技術支援，人材育成，

表4-9：京都市産業技術研究所における共同連携による商品開発等の事例

共同開発内容	共同開発者	商品化等
薄膜旋回分散法を用いた新規分散生漆を利用した商品開発	株式会社佐藤喜代松商店 本社：京都市 事業：漆の精製販売，捺染スクリーン製版資材販売等	・再整備された京都市役所本庁舎１階のエレベーターの扉に採用 ・今後ガラスやプラスチックなどこれまで漆が使用されていない透明な素材への活用を展開
セルロースナノファイバーを活用した京焼・清水焼製品	第一工業製薬（株） 本社：京都市 事業：各種工業用薬剤，ライフサイエンス関係製造販売 株式会社 陶葊 本社：京都市 事業：京焼・清水焼窯元	・素地材料の工夫により，従来の京焼・清水焼にはない艶消し感や透光性を実現 ・石膏型から成形体を取り出す際の歩留りは，セルロースナノファイバーを活用した新たな特許出願技術の活用により，ほぼ100％を実現することができ，効率よく安定して製造することが可能
食品中の汚染微生物の有無を迅速・低コストで測定できる機器の開発	佐々木化学薬品株式会社 本社：京都市 事業：試薬および化学工業薬品の開発・製造販売	・食品中の汚染微生物の有無を0.5日以内に迅速・低コストで測定する技術を開発 ・「バイオスカウター」として製品化し，食中毒を防ぎ食品流通の安全性を担保
炭素繊維紋織物の製織技術と加工技術の開発（再掲）	（有）フクオカ機業 本社：京都市 事業：西陣織生産開発	・自動車内外装材への採用に向けた意匠性の高い炭素繊維紋織物の製品開発 ・ゴルフシャフトや釣竿などのスポーツ分野への利用拡大 ・バッグ用素材の活用分野の拡大
環境調和型スペキュラム（銅—スズ）合金めっき技術の開発	メテック（株） 本社：京都市 事業：半導体部品，精密機器部品の金属表面処理等	・従来必要とされていた有毒なシアンを使用しない酸系のめっき液を開発し，めっき浴中の銅／スズのイオン比とほぼ同程度の組成を有する合金めっき皮膜を形成させる技術を確立 ・開発しためっき液を電子部品や装飾品等のめっき向けに国内外へ向けて展開
世界初ゼロエミッション・デジタル捺染システムを用いた高精細ふろしきの商品化	宮井（株） 本社：京都市 事業：風呂敷等企画製造卸	・高精細な模様表現を得意としながら，市場ニーズがある小ロット商品にも素早く対応可能な世界初のゼロエミッション・デジタル捺染システムを導入 ・最先端の技術と伝統産業が融合した次世代型風呂敷製造システムを確立し，新たな商品開発と市場獲得を目指す

出所：京都市産業技術研究所HPより筆者作成.

研究開発などを柱に，中小企業が自社だけでは対応が困難な技術開発等に関する支援が行われ，京都産業21では，中小企業や創業予定者の経営・技術のワンストップ相談窓口として，専門家や各種の支援策の活用を図りながら相談・広報の支援が行われている．

　京都産業21による2016年度の延べ訪問支援企業数は6,915社であり，京都市全体の中小企業数48,791社[29]のうち14.2％・約１割を超える中小企業の技術・経営支援が行われている．さらにこれらの中小企業については，企業のOBや中小企業診断士の資格を持ったコーディネーター約40人によって外部企業と地元企業との域内産業連関が図られている．

（5）ASTEMの中間支援組織としての役割

ASTEMは，1988年にICTとメカトロニクスを活用した先端科学技術の振興と地域社会の発展に寄与することを目的に，京都府，京都市，産業界の出捐により設立され，ICT，ライフサイエンス，環境等の諸分野で産学公連携による研究開発や事業化を推進し，ベンチャー企業・中小企業に対する新事業創出，販路拡大などの総合的な支援が行われている．

研究開発事業をつうじて，京都地域の科学技術の振興，中小企業の新事業創出，経営革新等，産業競争力の強化と新事業の創出を図ることを目的と事業が展開されている．

ASTEMにおいても専門的な知識，豊富な経験をもったコーディネートが設置されており，入居している外部企業と地元企業との域内産業連関が図られている．

（6）ASTEMによる産業連関事例

ASTEMでは，ライフサイエンスおよび関連分野など京都市域の中小・ベンチャー企業等を対象に，新たな医薬品や医療機器の開発につながる革新的な医療技術開発をはじめとした助成やコーディネーターによって入居企業である外部企業と地元企業とのマッチングをおこなうことで事業化や商品化などが行われている．

たとえば，コーディネーターのマッチングにより，防犯錠や防災用品等の企画，開発，販売をおこなう地元企業と，ライフサイエンス系やIT系と連携することにより災害対応用商品としたマルチバッグの開発などの新商品開発が行われるなど外需（域外需要）をうみ域外産業連関につなげている[30]．

また，京都市域の中小・ベンチャー企業等を対象に，新たな医薬品や医療機器の開発につながる革新的な医療技術開発に対する助成が行われている．採択した研究開発に対しては，ライフサイエンスおよび関連分野の専門コーディネーターによって，事業化や商品化，起業に向けてきめ細かいサポートが行われており，2011年度の事業スタートから2017年度までに累計472件の応募を受け，144件の企業・大学の研究開発が採択されており，本事業の助成をきっかけにiPS細胞を使った先進的な研究成果を事業化し，ベンチャー企業の設立に

至った事例もある[31].

3 KRP地区に入居している外部企業の産業連関事例

KRP地区の入居している外部企業に対して，具体的にどのような産業連関が行われているのかについて，アンケートおよびインタビューを行った．

（1）入居企業（S社）の事例

入居企業であるS社では，KRPのコーディネーターによって，A社と連携した新商品の開発（工場の環境改善）や京都市産業技術研究所のコーディネーターによって，同所とB社と連携した新製品の開発（工場の環境改善）によって域内産業連関につなげている事例やASTEMのコーディネーターによるD大学やK大学と連携した新商品開発をおこなうことで外需（域外需要）をうみ域外産業連関につなげている事例がある．また，京都府産業支援センターのコーディネーターによる国や自治体からの補助金獲得等の指導，京都産業21のコーディネーターの仲介による京都発明協会による開発した商品の特許獲得のための指導などKRP地区に入居することで様々な恩恵を受けている[32]（図4-2）．

（2）H社の事例

H社は，KRP地区における各種支援，データセンターの整備や企業間交流が行われていることの利点を生かすことを念頭にKRP地区で起業しており，KRPのコーディネーターの仲介によって入居しているインターネット関連企業との取引や事業拡大に必要な税理関係等の取引に必要な専門知識を持った外部企業との仲介を得ることで，新商品の開発や新たな取引につなげることで外需（域外需要）をうみ域外産業連関につなげている．これらにより，2001年の創業当時は社員が3人であったが，起業に成功し手狭になったことからKRP地区を退去しているが，2021年の時点では社員が約160人に増えており，KRP地区に入居し，コーディネーターの仲介によって大幅に事業の拡大につなげられている[33].

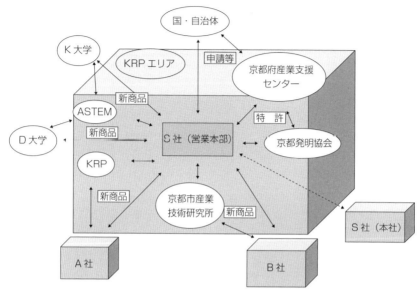

図4-2：KRP地区におけるS社の事例

出所：S社へのインタビューにより筆者作成.

第4節　KRP地区における産業連関

　KRP地区に入居している外部企業のマッチングについては，外部企業約400社からののマッチング希望[34]（入居企業どうしのマッチング，外部企業とのマッチング，外部企業から入居企業に対するマッチング等）に対応することとしており，これらの希望は，公的産業支援機関の主要6社で共有され，とくに技術分野では相互補完のもとに情報を共有することで利用者のニーズに応え，外部企業と地元企業の域内産業連関が図られるとともに，外部企業と地元企業の連携によってイノベーションが創出され，そのなかから域外産業連関に結びついているものもある（図4-3）[35].

第4章　ハイテク型地域開発政策と動態的内発的発展論

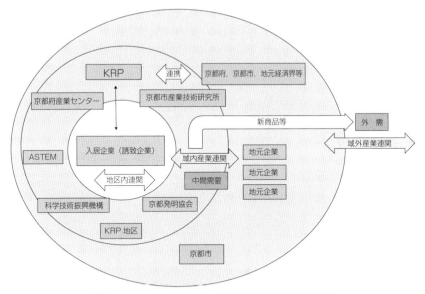

図4-3：KRP地区における中間支援組織の役割
出所：分析結果より筆者作成.

第5節　分析結果

　中間支援組織としては，公的産業支援機関では，個別の団体への補助事業を行っていることから，性質的にはインターミディアリーの要素も持つ．また，KRPおよび公的産業支援機関がマネジメント上の相談，コンサルティング，人材派遣，教育・研修を行っていることから，MSOの要素を持つが，KRPおよび公的支援機関である中間支援組織は，域内産業連関を目的に，KRP地区における共有する社会規範などの制度の整備，情報提供，ネットワーク化などを行っていることからすれば，インフラストラクチャー組織に近い機能を持っている．

　KRPおよび公的産業支援機関である中間支援組織の役割については，KRPによって，定例的な情報交換会等をつうじてKRP地区における価値観や行動

様式を共有しており，また，コーディネーター同士の情報共有も行われている．これらをもとにKRPおよび公的産業支援機関である中間支援組織，コーディネーターによって入居している外部企業と地元企業の連携が行われていることがわかった．

KRP地区の中間支援組織が，外部企業と地元企業との連携を促進することで，イノベーションを創出し外需（域外需要）につなげ，そのなかから域外産業連関につながっている事例を示した．

インタビューをつうじて調査したが，非公開情報が多い中で，KRP地区はイノベーションを誘発することが重視されていることから，域内での内需（中間需要）につなげる事例はやや少ない．

KRP地区の中間支援組織の役割については，KRPがアンカーテナントを誘致し，入居している外部企業の管理運営が行われている．KRPを中心に連携が図れる仕組みとなっており，これらの中間支援組織が相互に連携しながら交流マッチングの機会が設けられている．とくに，それぞれの中間支援組織におけるコーディネーター同士が連携を取れる仕組みが構築されており，これらが長く行われることによって，早期の課題解決につなげられている．

また，中間支援組織によるこれらの取り組みが長年にわたり，KRP地区の政策目的に沿って公的産業支援機関である中間支援組織，入居している外部企業等の価値観や行動様式に影響を与えており，KRP地区の情報を共有する「KRP地区特有の組織文化」が醸成されている．

KRP地区では，KRP，経済界，自治体の共有された政策をもとに事業が展開され，外部企業と地元企業による域内産業連関が図られていることと，中間支援組織が外部企業と地元企業の連携を図ることでイノベーションを創出し，さらに域外産業連関につなげている重要な役割機能を担っていることが事例をつうじてあきらかになった．

注
1）　鈴木（2017），pp.270–272．組織を表す場合は「KRP」とし，エリアを表す場合は「KRP地区」と表記．
2）　詳細は岩松（2022b）参照．

3） 1963年に米国フィラデルフィアに設立された全米屈指のサイエンスパークであり，41年間に350社の商業化支援，ハイテク・ベンチャー支援による雇用創出など地域活力を導いている．高田（2006），pp.17-20.

4） KRPホームページの記述にもとづく．

5） KRPホームページの記述にもとづく．

6） 京都府発明協会ホームページの記述にもとづく．

7） 2021年7月19日，京都市産業技術研究所へのインタビューによる．

8） 同上．

9） 中小企業庁ホームページの記述にもとづく．

10） 2022年11月30日，京都市産業技術研究所へのメールインタビューによる．

11） 詳細は岩松（2022b）参照．

12） そのほか，公的産業支援機関として，研究成果を技術移転する関西TLOが入居していたが，現在はTLO京都に名称変更し京都大学に移転．また，JETRO京都も，京都経済センターの設立に伴い同センターへ移転．

13） KRPに8人（伝統2人，製造2人，ライフサイエンス1人，スタートアップ1人，その他2人であり，うち3人がインキュベーション・マネージャーを兼務している），宇治市に2人，八尾市に12人を配置

14） 2022年10月19日，11月29日，30日，KRPへの電話インタビューおよび2023年8月7日のインタビューによる．なお，企業名等詳細内容については非公開．

15） 2022年10月14日，京都市産業技術研究所へのインタビューによる．

16） 2022年10月14日，ASTEMへのメールインタビューによる．

17） 2022年10月19日，京都産業21へのメールインタビューによる．

18） 2022年10月19日，11月29日，30日，KRPへの電話インタビューおよび2023年8月7日のインタビューによる．なお，企業名等詳細内容については非公開．

19） 2021年7月2日，7日，KRPからのアンケート回答，2021年9月17日，KRPへのインタビューによる．

20） 2022年10月19日，11月29日，30日，KRPへの電話インタビューによる．なお，企業名等詳細内容については非公開．

21） 2023年8月7日，KRPへのインタビューによる．

22） 2023年1月16日，京都市産業観光局産業イノベーション推進室へのアンケート回答による．

23） 京都染色工芸会，京都工芸研究会，京都酒造工業研究会，京都合成樹脂研究会，京都陶磁器研究会，西陣織物研究会，鍍秀会（メッキ関連），京都セラミックフォーラム，京都先端技術研究会，京染・精錬染色研究会の各種業界で構成された10の研究会が組織されている．

24） 京都市産業技術研究所ホームページの記述にもとづく．

25) バイオ系，金属系，高分子系，表面処理，ファインセラミックス，製織システム・DX，陶磁器，工芸・漆，色染，デデザインの10の研究チームが組織されている．

26) 京都市ホームページの記述にもとづく．

27) 2021年7月19日，京都市産業技術研究所へのインタビューによる．

28) 同上．

29) 中小企業庁ホームページの記述にもとづく．

30) 2022年8月12日，ASTEMへのインタビューによる．なお，その他の事例等の内容については非公開．

31) 同上．

32) 2021年7月16日，S社へのインタビューよる．

33) 2021年7月21日，H社へのアンケート回答による．

34) 入居している外部企業約500社のうち，約400社がKRP所管であり，約100社はASTEM所管（2022年11月29日，KRPへの電話インタビューによる．）

35) 2021年7月19日，京都市産業技術研究所へのインタビューによる．

終 章

イノベーション創発による地域経済の発展

第1節 研究結果の整理

　国による拠点開発方式やテクノポリス構想などの地域開発政策については，画一的な計画のもとに地域に外部の力を誘致したが，これらの外部企業と地元企業との域内産業連関が図られることなく地域経済の発展につながらないものであった．

　拠点開発方式では，外部企業と地元企業の域内産業連関を図る中間支援組織のような機能がみられず，テクノポリス構想においては，中間支援組織となるテクノポリス開発機構が設置されていたが，これらが中間支援組織として機能するのには課題があり，域内産業連関を図るまでには至っていない．

　本書は，長田野工業団地という元々何もないところに工業団地を設置することにより外部企業を利用した事例と，KRP地区のように最初から地元企業があることを前提に外部企業を利用するという性質の異なる二つの具体的な事例について動態的内発的発展論と中間支援組織論および関連する諸理論により検証した．

　長田野工業団地とKRP地区の事例では，基本となる地域経済を発展させることを目的とした政策が策定され，それにもとづいた事業が展開されている．

　誘致企業については，長田野工業団地の事例では，長田野工業センターの設置者である京都府が福知山市と連携し，地元企業との産業連関の可能性のある誘致企業を選定するプロセスがとられており，KRP地区においても，KRPがDMKを設置してKRP地区への入居の呼び水や地元企業との産業連関の可能性のある外部企業の誘致が行われるなど，中間支援組織が地元企業を支援し，地域を魅力的にするアンカーテナントとなる外部企業を誘致するという役割を果

たしている.

その上で,長田野工業団地の事例では,京都府の主導のもとに誘致した外部企業による長田野工業センターと地元経済界が中心となって設置した福知山企業交流会という二つの中間支援組織が設置されており,KRP地区の事例では,KRPおよび公的産業支援機関が中間支援組織として設置されている.

二つの事例においては,これらの中間支援組織が,外部企業と地元企業とを介在することによって域内産業連関につなげていることを実証した.また,動態的内発的発展論は,外需（域外需要）につなげていくことが重要な要素であるが,実態として中間支援組織が外部企業と地元企業との連携・創発を行おこなうことでイノベーションを創出し外需（域外需要）と結びつき,域外産業連関につなげている重要な役割を果たしていることをあきらかにした.

長田野工業団地とKRP地区という二つの事例を検証し,これまでの理論では導くことが困難であったイノベーション創出のプロセスに加え,中間支援組織によって,これらの取り組みが長年にわたり行われることで,地区内の情報を共有し秩序の構築や組織の創造性とイノベーションの創出に影響を与える「地区特有の組織文化」が醸成されていることをあきらかにした.

第2節　動態的内発的発展論による地域経済分析

以上の研究結果にもとづいて,本書の結論を示す.

動態的内発的発展論を手掛かりに,京都府における長田野工業団地とKRP地区の二つの事例を分析した結果,工業団地とサイエンスパークという設置された時代や背景も異なる長田野工業団地とKRP地区という二つの事例の実証によって,国内における動態的内発的発展論モデルを検証した.

二つの事例に共通するのは,中間支援組織が地元企業と域内産業連関をおこなうことができる核となる外部企業の誘致に関与していることである.その上で,域内への外部企業の誘致をもとに,中間支援組織が誘致された外部企業間および外部企業と地元企業間に介在することで,それらの企業同士の域内産業連関が図られている.さらに動態的内発的発展論では,理論的位置付けや実証分析が十分でない中間支援組織が外部企業と地元企業との連携・創発を促進す

ることによってイノベーションが創出され外需（域外需要）と結びつき，域外産業連関が生まれる上で中間支援組織が重要な役割を果たしていることをあきらかにした．

また，中間支援組織によって，地区内の価値観や行動様式がなどの情報が共有されるとともに，これらの長年の取り組みにより協力関係を築き，量的拡大だけではなく，質的発展をめざした地区内の情報を共有することで，秩序の構築や組織の創造性，イノベーションの創出に影響を与える地区特有の組織文化が醸成されている．

長田野工業団地とKRP地区という二つの事例を素材として実証することにより，中間支援組織が動態的内発的発展論における制度的仕掛けの重要な位置付けとなる．

本書では，動態的内発的発展論のより現実適用可能な論理として組むために，二つの事例分析をつうじて，その重要な役割である中間支援組織を制度的仕掛けに加えることで理論の精緻化をおこない，現実の論理を分析ツールとして示すことができた（図終-1）．

長田野工業団地の事例では，外需（域外需要）につなげることが発展段階で

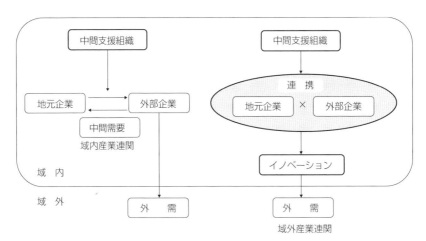

図終-1：動態的内発的発展モデルの精緻化
出所：分析結果より筆者作成．

あり，さらに中間支援組織が機能することによってイノベーションを促進して
いくことが課題である．KRPについては，イノベーションの創出に着目され
ているが，さらに内需につなげるために中間支援組織が機能していくことが課
題である．二つの事例の教訓としては，動態的内発的発展モデルの理論からす
ると十全ではなく，それぞれの長所を生かした中間支援組織が機能を発揮して
いくことが，これからの地域における具体的な動態的内発的発展を促すことに
なる．

第3節　本書の学術的貢献と政策へのインプリケーション

以上の結論から，本書の学術的な貢献を確認する．

日本における動態的内発的発展論のこれまでの研究では，具体的な立証が不
足していたが，本書ではこれらの不足を二つの事例から動態的内発的発展モデ
ルを実証した．

加えて，中間支援組織が，地元企業と連関の可能性のあるアンカーテナント
となる外部企業の誘致に関与し，その上で，誘致された外部企業に対して，基
本政策にもとづく設置目的に沿って，地区内における共有する社会規範などの
制度の整備，情報を共有し，長年の取り組みによって協力関係を築き，課題の
解決やニーズに対応することで，秩序の構築や組織の創造性，イノベーション
の創出に影響を与える地区特有の組織文化が醸成されていることをあきらかに
した．

動態的内発的発展論の理論では，理論的位置付けや実証分析が十分でない中
間支援組織の役割機能について，二つの動態的内発的発展モデルを検証するこ
とによって，中間支援組織が外部企業と地元企業との連携・創発をおこなうこ
とによってイノベーションを創出し外需（域外需要）と結びつき，域外産業連
関を図るための重要な役割を果たしていることをあきらかにし，そこでの中間
支援組織とその役割機能を制度的仕掛けに加えることで，動態的内発的発展論
の理論の精緻化をおこなうことで学術的貢献につなげた．

本書の結果からは，中間支援組織の理論を地域産業政策との関係でさらに深
めていく必要が課題としてみえてきた．そのため，国および自治体は地域経済

の発展に関する政策を展開する際に，イノベーションを創出のための制度的仕
掛けとして，地域経済の発展に資する政策の策定，地元企業との産業連関を前
提とした企業誘致をおこなうとともに，これらの外部企業と地元企業との連携・
創発によって，イノベーションを創出するための中間支援組織を考慮すること
が重要となる．

　たとえば，日本における工業団地においては，地域経済政策のもとに地域経
済の発展に資する企業誘致，域内域外の産業連関を図るための中間支援組織を
設置すること，サイエンスパークであれば，地域経済政策のもとに公的産業支
援機関を集積し，域内域外の産業連関を図るための中間支援組織を確保し，外
部企業と地元企業との連携・創発によってイノベーションの創出につなげるた
めの制度的仕掛けを講じることである．

第4節　残された課題

　最後に，本書において検討が不十分な点を今後の課題として整理する．
　本書においては，長田野工業団地とKRPという工業団地およびサイエンス
パークの典型事例を研究対象とした．
　研究の出発点としては，戦後日本の地域開発において行われた国の主導によ
る地域開発政策である拠点開発方式やテクノポリス構想は，地域経済の発展を
めざし取り組まれたものであるが，実際には地域経済の発展にはつながらない
との批判を受けてきたことにたいし，京都における二つの典型的な地域経済の
発展事例を検証し，動態的内発的発展論，中間支援組織論により，その要因を
あきらかにしようとしたことにある．
　本書は，地域経済の発展に資する典型的な二つの優れた事例について分析し
たのみであり，日本における他の事例あるいは海外における優れた事例も存在
する．
　残された課題としては，これら二つ以外の国内外の事例について研究を行い，
地域経済の内発的発展につながる事例研究をおこなうことが必要である．これ
により，本書以外の地域経済の発展に資する要因の可能性もあり，以上の点を
今後の研究課題としたい．

参 考 文 献

書籍・論文

Ali Taha V., Sirková M., Ferencová M.（2016）"The Impact of Organizational Culture on Creativity and Innovation," *Polish Journal of Management Studies*, 2016, Vol. 14, issue 1 , pp. 7 -17.

Andersen, Esben Sloth（2011）*Joseph A. Schumpeter: A Theory of Social and Economic Evolution*, Basingstoke: Palgrave Macmillan.（=2016, 小谷野俊夫（訳）『シュンペーター』一灯舎）.

Camagni, Robert（1991）*Innovation Networks*, London and New York,; Belhaven Press.

Chesbrough, Henrry et al.（2006）*Open Innovation: Researching a New Paradigm*, Oxford, Oxford University Press.（=2008, 長尾高弘（訳）『オープンイノベーション』英治出版）.

Drucker, Peter F.（1994）*Post-Capitalist Society*, New York: Harper Business.

Florida, Richard（1995）"*Toward the Learning Region*," *Futures*, Vol. 27, No. 5 , pp. 527 -536.

Garofoli, Gioacchino（1992）*Endogenous Development and Southern Europe*, Aldershot: Avebury.

Howells, Jeremy（2006）"Intermediation and the role of intermediaries in innovation," *Research Policy*. Vol. 35, No. 5 , Manchester UK: University of Manchester, pp. 715–728.

Krugman, Paul R.（1991）*Geography and Trade*, Leuven and London: Leuven University Press and The Mit Press.（=1994, 北村行信［他］（編訳）『脱「国境」の経済学』東洋経済新報社）.

Massey, Doreen（1995）*Spatial Divisions of Labour: Social Structures and the Geography of Production*, London: Routledge.（=2000, 富樫幸一［他］（訳）『空間的分業』古今書院）.

McLean, L. D.（2005）"Organizational Culture's Influence on Creativity and Innovation: A Review of the Literature and Implications for Human Resource Development," *Advances in Developing Human Resources*, Vol. 7 , No. 2 , pp. 226–246.

Okubo, T. and E. Tomiura（2012）"Industrial relocation policy, productivity and heterogeneous plants: Evidence from Japan," *Regional Science and Urban Economics*, : RIETI Discussion Paper Series 1 -E-016 42（1－2）, pp. 230–239.

Pinto, Mary Beth, Jeffery K. Pinto, and John E. Prescott（1993）"Antecedents and Consequences of Project Team Cross-functional Cooperation ," *Management Science*, Vol. 39, No. 10, pp. 1281-1297.

Piore, Micael J. and Sabel, Charles F.（1986）*The Second Industrial Divide: Possibilities For Prosperity*, New York: Basic Books.（=1993, 山之内靖［他］（編訳）『第二の産業分水嶺』筑摩書房）.

Porter, Michael E.（1990）*The Competitive Advantage of Nations*, New York. The Free Press.（=1992, 土岐坤［他］（訳）『国の競争優位（上）』ダイヤモンド社）.

Saxenian, Anna Lee（1994）*Regional Advantage: Culture and Competition in Silicon Valley and Route 128*, Cambridge, Harvard University Press.（=1995, 大前研一（訳）『現代の二都物語』講談社）.

Smedlund, Anssi（2006）"The Roles of Intermediaries in a Regional knowledge System," *Journal of Intellectual Capital*, Vol. 7, No. 2, Helsinki University of Technology, Espoo, Finland, pp. 204-220.

Vázquez-Barquero, Antonio（2002）*Endogenous Development: Networking, innovation, Institutions and Cities*, London: Routledge.

———（2010）*The New Forces Of Development: Territorial Policy For Endogenous Development*, Singapore: World Scientific Publishing Company.

Vázquez-Barquero, Antonio（2006）"Urban Development in Peripheral Regions of the New Europe: The Case of Vigo in Galicia," *European Planning Studies*, Vol.14, No. 6, pp. 753-772.

明石芳彦（1999）「京都リサーチパーク」関満博・大野二朗編『サイエンスパークと地域産業』新評論.

飯塚和憲（1981）「テクノポリス'90建設構想について」『地域開発』12巻207号，pp. 73-81.

井ヶ田良治・原田久美子（1993）『京都府の百年』山川出版社.

伊佐淳・儀間敏彦・木之内均・照谷明日香・井坪まゆ美（2016）「地域経済の内発的発展と社会的企業」『バイオメディカル・ファジィ・システム学会大会講演論文集』29号，pp. 251-252.

板谷和彦（2021）「「創発」とは何か」『香川大学経済論叢』94巻3号，pp. 1 -14.

伊丹敬之（2006）『場の論理とマネジメント』東洋経済新報社.

入谷貴夫（2018）『現代地域政策学』法律文化社.

岩下伸朗（2008）『マーシャル経済学研究』ナカニシヤ出版.

岩松義秀（2020）「内発的発展に関する一考察」『政策科学』28巻1号，pp.97-111.

———（2022a）「地域経済における中間支援組織の役割」『地域経済学研究』42号，pp.63-78.

———（2022b）「ハイテク型地域開発政策と内発的発展論」『地域情報研究』11号，

pp.123–140.

ウォード，ニール／ジェーン・アタートン／タイヨン・キム／フィリップ・ロウ／ジェレ
　　ミー・フィリップソン／ニコラ・トンプソン（2012）「大学・知識経済・「ネオ内発的
　　発展」」『英国農村における新たな知の地平』（安藤光義，小田切徳美訳）農林統計出版，
　　pp. 23–33.

遠藤聡（2014）「比較地域制度アプローチによる地域政策論に向けて」『地域経済学研究』
　　27号，pp.29–47.

太田理恵子（2008）「研究開発組織の地理的統合とコミュニケーション・パターンに関す
　　る既存研究の検討」『一橋研究』32巻4号，pp. 1 –18.

岡崎哲二・星岳雄（2016）「政府のイノベーション政策はなぜ失敗続きだったか」『グロー
　　バルエコノミー』キヤノングローバル戦略研究所.

岡本義行（2001）「コーディネーターとは何か」久保孝雄・原田誠司『知識経済とサイエ
　　ンスパーク』松岳社.

奥山雅之（2020）「織物産業の地域イノベーションシステムに関する考察」『地域経済学研
　　究』39・40合併号，pp.87–88.

小田切徳美（2013）「地域づくりと地域サポート人材」『農村計画学会誌』32巻3号，
　　pp.384–387.

加藤三郎（1987）『21世紀への大都市像』東京大学出版会.

金子勝・神野直彦（2012）『失われた30年』NHK出版，pp.194–214.

川端基夫（2013）『立地ウォーズ』新評論.

北島誓子（2010）「知識/イノベーションの地域モデルの諸問題」『弘前大学経済研究』33号，
　　pp. 1 –14.

木村俊文（2018）「製造業と地域経済」『金融市場11月号』，pp.30–33.

木村遥介（2018）「特許からみる産業構造の変化とイノベーション」大橋弘・財務省財務
　　総合政策研究所編『イノベーションの研究』きんざい，pp.203–225.

清成忠男（1986）『地域産業政策』東京大学出版会.

金淳植（1999）「京都市域の地域経済と産業政策」『政策科学』7巻1号，pp.83–96.

小島史彦（2000）『コーディネーターの仕事』日本能率協会マネジメントセンター.

崔英靖（1998）「組織間ネットワーク組織の分類と特徴」『経営研究』49巻第3号，pp.59–
　　75.

榊原雄一郎・南保勝（2009）「地方分工場の機能の変化と生産リンケージについての一考察」
　　『ふくい地域経済研究』8巻，pp.15–31.

佐々木雅幸（1990）「空間経済学と地域経済学」宮本憲一・横田茂・中村剛治郎編『地域
　　経済学』有斐閣.

佐々木雅幸（1992）『現代北陸地域経済論』金沢大学経済学部.

佐野淳也（2020）「内発的発展としての地域イノベーションとエコシステム」『同志社政策

科学研究』21巻2号，pp.87-100.

佐無田光（2007）「金沢都市圏の産業構造とその展望」碇山洋・佐無田光・菊本舞編『北陸地域経済学』日本経済評論社.

白須正（2023）「京都市の産業政策の概要」白須正・細川孝『地域産業政策の新展開』文理閣.

新宅純二郎（2014）「ものづくり産業の現状と課題」『労働調査』535，pp.4-8.

鈴木茂（2001）『ハイテク型開発政策の研究』ミネルヴァ書房.

―――（2017）『イギリスの都市再生とサイエンスパーク』日本経済評論社

鈴木茂（1998）「愛媛テクノポリス開発計画の特徴と現状」『松山大学論集』10巻5号，pp.57-89.

―――（2007）「アストン・サイエンス・パーク（1）」『松山大学論集』19巻2号，pp.55-73.

隅藏康一（2015）「イノベーションの定義を再考する」『日本機械学会年次大会』.

高瀬浩二（2016）「産業連関モデルによる基盤産業の把握」山下隆之編『地域経済ハンドブック』晃洋書房.

高田仁（2006）「地域におけるバイオ産業振興システムの分析」『年次学術大会講演要旨集』21巻，pp.17-20.

高原一隆（2014）『地域構造の多様性と内発的発展』日本経済評論社.

立見淳哉（2007）「産業集積への制度論的アプローチ」『経済地理学年報』53巻，pp.369-393.

立本博文，小川紘一（2010）「欧州イノベーション政策」『赤門マネジメント・レビュー』9巻12号，pp.849-872.

田中史人（2004）『地域企業論』同文舘出版.

丹生晃隆（2017）「ビジネスインキュベーション施設における支援活動と成果に関する探索的研究」『宮崎大学地域資源創成学部紀要』1号，pp.1-18.

陳慕薇（2017）「地域の経済的立地条件から見る工業団地の波及効果の限界」『地域経済学研究』33巻，pp.68-87.

辻悟一（2003）『EUの地域政策』世界思想社.

辻清明（1976）『日本の地方自治』岩波書店.

津田正夫（2000）「中間支援組織とメディア戦略」山岸秀雄編『アメリカのNPO』第一書林.

鶴見和子（2003）『内発的発展論の展開』筑摩書房.

鶴見和子（1991）「内発的発展の理論をめぐって」『社会・経済システム』10巻，pp.1-11.

富樫幸一（2010）「産業立地の理論」岡田知弘・川瀬光義・鈴木誠・富樫幸一『地域経済学』有斐閣，pp.23-36.

富澤拓志（2010a）「分工場依存型地域産業の課題」『地域総合研究』37巻，pp.23-36.

―――（2010b）「地方分工場経済における企業誘致型産業振興の行方」『地域総合研究』

38巻, pp.49-61.

中田行彦 (2013)「多層トリプルヘリックスモデルの提案」『日本ベンチャー学会誌』21巻, pp.75-80.

中西英治 (2001)「京都リサーチパーク (KRP)」久保孝雄・原田誠司編『知識経済とサイエンスパーク』日本評論社.

中野正隆, 佐藤大介 (2017)「地域連携コーディネーターによる地域資源の活用と再生産」『日本福祉大学全学教育センター紀要』5号, pp.103-114.

中村剛治郎 (2004)『地域政治経済学』有斐閣.

――― (2009)『基本ケースで学ぶ地域経済学』有斐閣.

中村剛治郎 (1990)「空間経済学と地域経済学」宮本憲一・横田茂・中村剛治郎編『地域経済学』有斐閣.

――― (2000)「内発的発展の発展を求めて」『政策科学』7巻3号, pp.139-161.

――― (2012)「地域問題と地域振興をめぐる研究課題」『経済地理学年報』58巻, pp.275-298.

――― (2014)「外発的成長型地域経済の内発的発展型地域経済への転化の道を考える」『龍谷政策学論集』4巻1号, pp.1-17.

――― (2020)「地域経済学の回顧と展望」『地域経済学研究』39・40合併号, pp.33-34.

長山宗広 (2005)「地域産業活性化に関する諸理論の整理と再構築―地域における新産業創出のメカニズム」『信金中金月報』4巻10号, pp.20-48.

長山宗広 (2020)『地域経済論×中小企業論』ミネルヴァ書房.

西川洋行 (2012)「イノベーション・プロセスにおけるコーディネータの役割」『年次学術大会講演要旨集』27巻, pp.479-482.

西谷剛毅 (2020)『産学官連携ジャーナル』国立研究開発法人科学技術振興機構, pp.8-10.

日本経済新聞社編 (1998)『日経都市シリーズ京都』日本経済新聞出版.

蓮見雄 (2005)「「ひとつのヨーロッパ」とボーダー・リージョンの新たな役割」『経済学季報』55巻1号, pp.163-207.

長谷川良二・安髙優司 (2009)「福知山市接続産業連関表の作成の試み」『産業連関』17巻3号, pp.74-86.

原田誠司 (2001)「地域プラットフォームとベンチャー都市, サイエンスパーク都市への展望」久保孝雄・原田誠司編『知識経済とサイエンスパーク』日本評論社.

藤津勝一 (2014)「企業間・産業等「連携」で目指す中小企業のイノベーション」『信金中金月報』13巻13号, pp.32-54.

ヘンリー・エツコウィッツ (2009) 三藤利雄, 堀内義秀, 内田純一訳『トリプルヘリックス』芙蓉書房出版.

星貴子 (2016)「地域産業振興策の現状と課題」『Japan Research Institute review』,

pp. 2 -30.

細川孝（2023）「地方自治と地域産業政策」白須正・細川孝『地域産業政策の新展開』文理閣.

保母武彦（1996）『内発的発展論と日本の農山村』岩波書店.

松浦一悦（2003）「EMUにおける南欧諸国への地域政策」『日本EU学会年報』23号，pp.44 -64.

松井真理子（2015）「地方レベルの中間支援組織の機能について」『四日市大学総合政策学部論集』14巻1_2号，pp.69-94.

松原宏（2014）『地域経済学入門』古今書院.

松本貴文（2017）「内発的発展の再検討」『下関市立大学論集』61巻2号，pp. 1 -12.

水谷利亮・平岡和久（2018）『都道府県出先機関の実証研究』法律文化社.

水野真彦（2011）『イノベーションの経済空間』京都大学学術出版会.

水野真彦・立見淳哉（2007）「認知的近接性，イノベーション，産業集積の多様性」『季刊経済研究』30巻3号，pp. 1 -14.

宮田由紀夫（2009）『アメリカにおける大学の地域貢献』中央経済社.

宮本憲一（1973）『地域開発はこれでよいか』岩波書店.

─────（1977）『大都市とコンビナート・大阪』筑摩書房.

─────（1989）『環境経済学』岩波書店.

森永真世（2023）「京都市の新産業・新事業の創出政策」白須正・細川孝『地域産業政策の新展開』文理閣.

八木京子（2017）「生態学におけるエコシステムの概念に関する 検討」『江戸川大学紀要』27号，pp.453-462.

山岸秀雄編『アメリカのNPO』第一書林.

山田智昭（2013）「価値創造事業部の取組みと産学官金連携の重要性」『産学連携学』 9 巻 2 号，pp.15-21.

山本健兒（2005）『産業集積の経済地理学』法政大学出版局.

與倉豊（2017）『産業集積のネットワークとイノベーション』古今書院.

吉田忠彦（2014）「NPO中間支援組織の累計と課題」『龍谷大学経営学論集』44巻2号，pp.104-113.

ロストウ，ウォルト・ホイットマン（1979）木村建康，久保まち子，村上泰亮訳『経済成長の諸段階』ダイヤモンド社.

若菜千穂（2018）「中間支援に期待される役割と中間支援組織の実態」『農村計画学会誌』36巻4号，pp.512-515.

渡部正治（2020）「組織文化・組織風土・社風の考察」『21世紀社会デザイン研究』19号，pp.55-64.

渡耒絢（2015）「フェアトレードタウンと中間支援組織」『横浜国際社会科学研究』19巻6

号，pp.115–143.

行政等資料

ASTEM（2017）『ASTEM NEWS No.77』.

綾部市（2002）『平成14年綾部市統計書』.

———（2006）『平成18年綾部市統計書』.

———（2011）『平成23年綾部市統計書』.

———（2016）『平成28年綾部市統計書』.

———（2023）『第 7 次綾部市行財政健全化の取組』.

長田野工業センター（1973a）『社団法人長田野工業センター設立趣意書』.

———（1973b）『社団法人長田野工業センターの組織および事業の概要』.

———（1973c）『社団法人長田野工業センター定款』.

———（2020）『令和 2 年 4 月長田野工業団地の概況』.

川崎市（2015）『川崎市産業連関表』.

京都市（2015）『京都市産業連関表』.

京都府（1964）『京都府総合開発計画』.

———（1970）『長田野工業団地造成事業概要書』.

———（1973）『長田野工業団地工場敷地譲受人選考委員会規程ならびに長田野工業団地工場敷地譲受人選考委員会運営要綱，長田野工業団地製造工場等の建設計画書処理要領ならびに長田野工業団地製造工場等建設計画書審査要領』.

———（1975）『長田野工業団地波及効果調査』.

———（2016）『平成28年京都府統計書』.

———（2019）『京都府総合開発計画』.

———（2020）『令和 2 年京都府統計書』.

京都府議会（1995a）『決算特別委員会会議録（11月22日）』.

———（1995b）『12月定例会会議録（第 3 号12月 8 日）』.

———（1997）『決算特別委員会会議録（11月17日）』.

———（1999）『予算特別委員会会議録（ 3 月 5 日）』.

———（2000）『定例会会議録（第 3 号10月 4 日）』.

———（2001）『定例会会議録（第 5 号10月 2 日）』.

———（2004）『定例会会議録（第 3 号） 9 月29日』.

———（2005）『定例会会議録（第 5 号） 7 月 1 日』.

———（2009）『定例会会議録（第 3 号）12月 4 日』.

———（2010）『 9 文教常任委員会閉会中議事録』.

———（2011）『予算特別委員会会議録 2 月25日』.

———（2015）『定例会会議録（第 3 号）12月 8 日』.

───────（2021）『定例会会議録（第2号）12月6日』.

経済産業省（2013）『2013年度版ものづくり白書』.

───────（2006）『産業構造審議会地域経済産業分科会報告書』.

───────（2022a）『経済産業政策新機軸部会中間整理』.

───────（2022b）『地域経済産業政策の現状と課題』.

国土交通省（2001）「全国のリサーチパークの現状と課題」『効率的整備のためのサイエンスシティ・リサーチパークの評価手法検討調査』.

───────（2008）『国土計画の歩みに関する資料』.

国立社会保障・人口問題研究所（2018）『日本の地域別将来推計人口2018年推計』.

Jetro（2004）「EUの地域開発政策および投資誘致政策」『ユーロトレンド004.1』.

総務省（2007）『情報通信白書平成19年度版』.

中小企業基盤整備機構（2014）『中小機構調査研究報告書』6巻3号，pp.1-101.

内閣府（2002）『平成13年度中間支援組織の現状と課題に関する調査』.

日本立地センター（2013）『平成25年度地域経済産業活性化対策調査』.

みずほ総合研究所（2010）「EUのイノベーション政策から得られる示唆」『みずほ政策インサイト』.

福知山市（1980a）『福知山市総合計画』.

───────（1980b）『福知山市統計書（昭和54年版）』.

───────（2016）『長田野工業団地活用増進計画』.

───────（2020）『福知山市統計書（令和2年版）』.

───────（2022）『第2期福知山市まち・ひと・しごと・あんしん創生総合戦略（2022〜2024年度）』.

福知山市議会（2013）『第3回定例会会議録（第3号6月14日）』.

───────（2015）『第5回定例会会議録（第2号9月11日）』.

───────2016）『第5回定例会会議録（第3号12月14日）』.

───────（2017）『第4回定例会会議録（第4号6月16日）』.

───────（2018）『第5回定例会会議録（第3号9月13日）』.

労働政策研究・研修機構（2022）『統計情報』.

その他の資料（最終閲覧日は2023年11月1日）

ASTEMホームページ

　　　https://www.astem.or.jp/about/profile

アネックス三和ホームページ

　　　https://www.city.fukuchiyama.lg.jp/site/annex/

綾部工業団地ホームページ

　　　http://www.ayabe-kougyou.sakura.ne.jp/

綾部市工業団地ホームページ

https://www.city.ayabe.lg.jp/category/ 6 - 2 - 1 - 0 - 0 - 0 - 0 - 0 - 0 - 0 .html

長田野工業団地ホームページ

http://www.osadano.or.jp/

科学技術振興機構ホームページ

https://www.jst.go.jp/

Canonホームページ

https://canon.jp/business/trend/001

京都工芸繊維大学

https://www.techprogram.kit.ac.jp/

京都市ホームページ

https://www.city.kyoto.lg.jp/sankan/page/0000196354.html

https://www 2 .city.kyoto.lg.jp/sogo/toukei/Publish/Analysis/News/129

KougyoStatistics2020

京都市産業技術研究所ホームページ

http://tc-kyoto.or.jp/

京都発明協会ホームページ

https://www.kyoto-hatsumei.com/about/

京都府ホームページ

https://www.ki21.jp/nintei/

京都府産業支援センターホームページ

http://www.kyoto-isc.jp/

京都府立工業高等学校ホームページ

https://www.kyoto-be.ne.jp/kyoto-ths/contents/Osirase.html

京都府よろず支援拠点ホームページ

https://kyoto-yorozu.jp/

KRIホームページ

https://www.kri-inc.jp/company/profile.html

KRPホームページ

https://www.KRP.co.jp/

国際通貨研究所ホームページ

https://www.iima.or.jp/abc/sa/10.html

STUDY KYOTOホームページ

https://www.studykyoto.jp/ja/whykyoto/

東京財団政策研究所ホームページ

https://www.tkfd.or.jp/research/detail.php?id=3977#_ftn 2

中小企業庁ホームページ

https://www.chusho.meti.go.jp/sapoin/index.php

https://www.chusho.meti.go.jp/koukai/chousa/chu_kigyocnt/181130kigyou 2 .pdf

TLOホームページ

https://www.tlo-kyoto.co.jp/about-us/outline.html

TRADEホームページ

https://www.tradecompany.co.jp/company/

福知山企業交流会ホームページ

https://www.fukuchiyama-kigyou.net/

福知山市ホームページ

https://www.city.fukuchiyama.lg.jp/soshiki/ 3 /1009.html

フューチャースピリッツ ホームページ

https://www.future-s.com/company/

両丹日日新聞ホームページ

https://www.ryoutan.co.jp/articles/2019/04/88782/

あ と が き

　筆者はこれまで，広域自治体において，地域振興に関する政策の策定や事務事業に従事してきたが，この間，少子高齢化・人口減少が進展し，地方分権改革や市町村合併などが行われるなど大きな変革もあった．加えて，阪神淡路大震災などの未曾有の災害が発生し，行政だけではなく，様々な形で住民が参画するなど地域との協働連携も行われるようになった．

　これまでの取り組みがどのような背景のもとに行われて，それが実際にどうだったかという検証のもとに，全国一律の金太郎飴ではない地域に根ざした政策を策定することが重要と考えている．また，政策の執行や運営においては，行政ではなく地域が主体になることがポイントではないだろうか．

　分野や専門的な領域を超えた連携・創発によって地域のイノベーションを導くための仕組みに着目する必要がある．

　本書が，読者や読者が属する組織，地域課題の解決に貢献できることを切に願っている．

　本研究の遂行にあたり，多くの皆様から様々なご指導とご協力をいただきました．記してここに心より感謝の意を表します．

　まず，研究指導教員である立命館大学大学院政策科学研究科の平岡和久教授には，筆者の原文となる動態的内発的発展論による地域経済分析（京都府の事例を中心に）を研究する機会を与えていただきますとともに，現在に至るまで，始終丁寧且つ情熱的なご指導をいただきました．浅学且つ未熟な筆者に対して，ひとかたならぬご厚情とご指導をくださいまして，研究者としての素養を身に着けるうえで貴重な教育をいただきました．また，学会発表の機会も与えていただきまして，研究者として成長できるよう惜しみないご支援をいただき，幅広い学問的且つ実践的な経験を得られました．ここに一番深く感謝の意を表します．

　立命館大学大学院政策科学研究科の森裕之教授，石川伊吹教授，小杉隆信教授には，リサーチプロジェクトでの研究発表あるいは日常の契機をつうじて，

常に適切かつ貴重なご助言ご指導をいただきました．先生方のご理解と激励なしには本研究が完成にたどりつくことはあり得ませんでした．厚く御礼申し上げます．

また，日本地域経済学会西日本支部研究会での研究発表の機会を与えていただき，有意義なコメントをいただきましたが，本書の内容は，すべて筆者個人に属するものであり，ありうべき誤りはすべて筆者の責任であると存じております．

本研究に関して，アンケートあるいは現地インタビュー調査にご協力をいただきました関係団体をはじめ各企業の方にもこの研究の完成に大きな力をいただくことになりました．心より深く感謝申し上げます．

本書の出版にあたり，晃洋書房の西村喜夫編集部長には，企画から編集の段階において細部に丁寧な点検，ご意見を通して改善が重ねられるなど大変お世話になり，ご尽力に感謝申し上げます．

最後に，筆者の研究希望を受け入れ，温かく支援をくださった家族，友人に心より深く感謝申し上げます．

なお，本書は「立命館大学大学院博士課程後期課程博士論文出版助成制度」による出版物であることを記しておく．

2024年10月5日

京都にて

岩 松 義 秀

索　　引

アンカーテナント　37, 100, 120, 123, 126
アンデルセン，エスベン・スロス（Andersen,
　　Esben Sloth）　28
域外産業連関　4, 68, 71, 95, 118, 126
域内産業連関　4, 24, 68, 69, 95, 118, 124
イノベーション　29, 30, 32, 36, 39, 43, 48,
　　125, 126
インターミディアリー　36, 92, 119
インフラストラクチャー組織　36, 93, 119
ASTEM（Advanced Science, Technology &
　　Management Research Institute of Kyoto,
　　京都高度技術研究所）　102, 107, 116
MSO（Management Support Organizatio, マネ
　　ジメント支援組織）　36, 93, 119
オウル　26
外需　24, 70, 71, 120, 124, 126
外部企業　42, 69, 126
外部コントロール　12
外来型開発　21, 22, 46
　　──モデル　5, 24
　　──論　4
科学技術振興機構京都事務所　102
学習する地域　33
カマーニ，ロバート（Camagni, Robert）　33
間欠的生産方式　31
企業選定プロセス　56
企業誘致型　10
京都市産業技術研究所　102, 107, 111
京都発明協会　102
京都府産業支援センター　102, 114
京都府総合開発計画　51, 53, 54
京都府中小企業総合センター　108
拠点開発政策　50

拠点開発方式　3, 4, 7, 10, 13, 51, 123
クラフト的生産　31
クルーグマン，ポール・R.（Krugman, Paul R.）
　　31
KRP（京都リサーチパーク）　4, 97, 99, 102,
　　104, 107, 111, 119
　　──地区　4, 97, 99, 104, 118, 119, 123
工業化時代　26
公的産業支援機関　99, 102, 119
コーディネーター　106, 108, 111, 116, 120
根幹的事業方式　4, 50, 51
サイエンスパーク　17, 97, 99, 106, 108
堺・泉北臨海工業地帯　88
サクセニアン，アナリー（Saxenian, AnnaLee）
　　34
産業革命　28
産業クラスター　30
　　──計画　15
産業集積　29
　　──論　30
地元企業　69
主体論　21
シリコンバレー　14, 16, 29, 34
新産業都市　10
水平的なコミュニケーション　34
スピルオーバー　30
スピンオフ企業　26
生産革命　28
制度的仕掛け　5, 25, 38, 125, 127
セーブル，チャールズ・F.（Sabel, Charles F.）
　　31
全国総合開発計画　3, 4, 8, 51
組織の創造性　39

組織文化　38, 94, 124, 126
第三イタリア　29
地域イノベーションシステム論　33
地域経済の成長　24
地域経済の発展　24
地域産業ネットワーク　35
知識　28, 29
　──経済　23, 26
　──の創造　32
中間支援組織　5, 35, 36, 38, 42, 47, 48, 50,
　61, 69, 102, 119, 124, 125
　──の役割　37
中間需要　24
地理的近接性　33
鶴見和子　20
テクノポリス　3
　──開発機構　15
　──構想　97, 123
　──政策　7, 14, 97
動態的内発的発展モデル　5, 24, 126
動態的内発的発展論　4, 23, 24, 28, 38, 48,
　50, 97, 125, 126
内需　120
内発的発展モデル　5, 24
内発的発展論　4, 20, 21, 41, 46
長田野工業センター　61, 65, 92

長田野工業団地　4, 50, 52, 54, 55, 123
中村剛治郎　23
南欧　41
ノキア　26
ハイテク型地域開発政策　97
バスケス・バスケロ，アントニオ（Vázquez-
　Barquero, Antonio）　41, 43, 45, 46
ビーゴ　45
ピオリ，マイケル・J.（Piore, Micael J.）　31
福知山企業交流会　61, 63, 64, 65, 92
フロリダ，リチャード（Florida, Richard）
　33
分工場　12
　──経済　7, 10, 12, 24
方法論　21
ポートランド　26
ポスト資本主義社会　28
マーシャル，アルフレッド（Marshall, Alfred）
　31
マネジメント革命　28
マネジメント支援組織　36
宮本憲一　20
ミリュー論　33
目的論　21
ルート128地域　34

《著者紹介》

岩松義秀（いわまつ よしひで）

1963年生まれ，京都府出身
立命館大学大学院政策科学研究科政策科学専攻博士課程後期課程修了，博士（政策科学）
京都府立大学公共政策学部公共政策学科客員准教授

主要著書

「動態的内発的発展論と中間支援組織──京都府長田野工業団地と京都リサーチパークの事例を素材として──」『政策科学』第31巻第2号，立命館大学政策科学会，2024年，pp. 47-65.

「ハイテク型地域開発政策と内発的発展論──京都リサーチパークを事例として──」『地域情報研究』第11号，地域情報研究所，2022年，pp. 123-140.

「地域経済における中間支援組織の役割──京都府長田野工業団地を事例として──」『地域経済学研究』第42号，日本地域経済学会，2022年，pp. 63-78.

「内発的発展に関する一考察──中村剛治郎氏とアントニオ・バスケロ・バスケルの検討を中心に──」『政策科学』第28号第1巻，立命館大学政策科学会，2020年，pp. 97-111.

「過疎地域を支える地域振興の組織及び連携──美山における地域振興システムの分析から──」『龍谷大学大学院政策学研究』第5号，龍谷大学大学院政策学研究編集委員会，2016年，pp. 1-19.

イノベーション創発による地域経済の発展
──中間支援組織による地域内外の産業連関──

2024年11月20日　初版第1刷発行	＊定価はカバーに表示してあります

著　者　　岩　松　義　秀ⓒ

発行者　　萩　原　淳　平

印刷者　　河　野　俊一郎

発行所　株式会社　晃　洋　書　房

〒615-0026　京都市右京区西院北矢掛町7番地
電話　075(312)0788番(代)
振替口座　01040-6-32280

装丁　尾崎閑也　　　　　　　　印刷・製本　西濃印刷㈱

ISBN 978-4-7710-3885-1

|JCOPY| 〈㈳出版者著作権管理機構　委託出版物〉

本書の無断複写は著作権法上での例外を除き禁じられています．複写される場合は，そのつど事前に，㈳出版者著作権管理機構（電話 03-5244-5088，FAX 03-5244-5089，e-mail:info@jcopy.or.jp）の許諾を得てください．